Alexander Peer

111 Orte im Pinzgau, die man gesehen haben muss

Mit Fotografien von Christine Peer-Valenta

111

emons:

Bibliographische Informationen der Deutschen Nationalbibliothek
Die Deutsche Nationalbibliothek verzeichnet diese Publikation in der Deutschen Nationalbibliografie; detaillierte bibliografische Daten sind im Internet über http://dnb.d-nb.e abrufbar.

Gestaltung: Eva Kraskes, nach einem
Konzept von Lübbeke | Naumann | Thoben
Kartografie: altancicek.design, www.altancicek.de
Kartenbasisinformationen aus Openstreetmap,
© OpenStreetMap-Mitwirkende, ODbL
Druck und Bindung: Grafisches Centrum Cuno, Calbe
Printed in Germany 2022
ISBN 978-3-7408-1199-0

Vorwort

Wir schreiben das Jahr 15 vor Christus. Ganz Noricum ist von den Römern besetzt … Ganz Noricum? Nein, ein von unbeugsamen Ambisonten okkupiertes Gebiet um Salzach und Saalach hört nicht auf, dem Eindringling Widerstand zu leisten.

Vermutlich war es etwas anders. Für die friedliche Eingliederung des keltischen Landes ins römische Imperium spricht der rege Handel. Der Name Ambisonten entstammt dem lateinischen Namen des Oberlaufs der Salzach: Isonta. Er bedeutet so viel wie »auf beiden Seiten der Isonta lebend«. Im mittelalterlichen Bisontia (Bisonta) – der alte Name von Zell am See lautete Cella in Bisontia – schwingt dieses Erbe mit. Ihm verdankt der Pinzgau seinen Namen.

Selbstbestimmung ist ein Wert, der damals wie heute zählt. Ob es die Trockenlegung des Tals oder die Eroberung der Tauern war, das Land wurde mühevoll nutzbar gemacht. Diese Früchte ernten auch die Gäste: malerische Wälder, imposante Berggipfel und bezaubernde Plätze. Das vorliegende Buch durchdringt den Pinzgau, schöpft aus seiner Fülle an Kunsthistorie, Fauna und Flora und bietet eine Überfülle liebevoller Geschichten. In diesen Seiten steckt nicht nur der Schweiß des Schreibens, sondern auch der unserer Waden. Den Tauernradweg sind wir hin- und hergeradelt, um einen vielsagenden Stein umzudrehen oder ein wundersames Ereignis zu erkunden.

Der Begriff Heimat ist so strapaziert, dass er sich ausruhen muss. Im Pinzgau gelingt das sogar einem gestressten Wort. Heimat setzt intakte Natur voraus. Dafür stehen Murmeltier, Bartgeier und Co. Es gilt als Binsenweisheit, dass der Pinzgau eine Naturschönheit ist. Was vielleicht nicht alle wissen, ist, dass sich eine andere Interpretation von Pinzgau auf die »Binsen« – rundum blühende Wiesen – bezieht. Wenn es eine Binsenweisheit ist, dass das Glück in der Natur zu finden ist, dann ist es uns im Pinzgau auf den Fersen. Wir dürfen nur nicht zu schnell laufen. Folgen Sie uns langsam!

Alexander Peer und Christine Peer-Valenta

111 Orte

1 Das Kirchenklo

Wenn Irdisches und Überirdisches in Einklang sind

Eine Hochzeit ist fabelhaft: Braut und Bräutigam kommen zusammen, um Freude und Leid gemeinsam zu meistern. Allerdings hatte die Pilgerkirche zum heiligen Leonhard in Aufhausen lange ein veritables Problem mit profanen Bedürfnissen. Da in der Umgebung keine Restaurants mit Toiletten existieren, waren Geplagte oft Bittsteller bei den Bewohnern der Häuser um das Kirchengebäude. Wenn niemand zu Hause war, mussten Baum oder Busch herhalten. Schon manche Hochzeit schien gefährdet.

Aber ist ein Gotteshaus ein passender Ort für Sanitäranlagen? Zumal in der mit Sorgfalt fürs Detail restaurierten Kirche, die vom Hofbaumeister Sebastian Stumpfegger zwischen 1716 und 1718 errichtet wurde? Dr. Martin Stock vom Verein »Freunde der Kirche St. Leonhard zu Aufhausen« erzählt in seiner amüsanten Chronik von den Fragen, die eine solche architektonische Erweiterung des Kirchenbaus mit sich bringt. Es ging um Denkmalschutz, die Wahrung der Würde, das Lösen des Wasserproblems und das Finden eines entsprechend stillen Örtchens. Schließlich fiel die Wahl auf die Turmstube.

Das abgebaute Turmuhrwerk ist heute im Kirchenraum zu bewundern. An seiner Stelle thront eine Bio-Toilette im Kirchturm und hat schon so manchem Gläubigen Erlösung gebracht. Auch Atheisten können sich ihrer drängendsten körperlichen Forderung stellen. Das Kompostklo kann mit etwas interpretatorischem Wagemut mit der biblischen Wandlung verglichen werden, die Wasser zu Wein veredelt. Im Falle des Klos soll Humus für fruchtbare Felder sorgen.

Wer hier sein Geschäft verrichtet, darf ein gutes Gefühl haben, denn jede Ausscheidung ist Düngung, um Neues entstehen zu lassen. Der ewige Kreislauf des Lebens erhält dadurch eine verdauungsanregende Analogie. Jeden ersten Mittwoch im Monat findet der Gottesdienst statt, und wie man sich erzählt, funktioniert auch ohne WC-Wart die Symbiose von weltlicher und göttlicher Erleuchtung tadellos.

Adresse Filialkirche hl. Leonhard Aufhausen, 5721 Piesendorf-Aufhausen | Anfahrt auf der Mittersiller Straße (B168) bis Aufhausen, direkt neben dem Aufhausenbach | Öffnungszeiten Bei Besichtigungswunsch und gastrointestinaler Notlage Frau Carla Ebner unter Tel. 0664/1161269 anrufen – sie öffnet die Pforten. | Tipp Unweit von Aufhausen liegt der Golfclub von Zell am See-Kaprun. Franz Neuwirth hat in der Gegend jahrelang Flusskrebse gezüchtet, und mancher Teich in der Nähe des Greens ist ein Laichplatz für Jungkrebse.

2 Die auferstandene Post

Ein Geisterort inmitten der Tauern erzählt

Verlassene Orte verfügen über einen ganz eigenen Charme. Die Phantasie erzählt von großer Vergangenheit. Ganz besonders auf Trab kommt sie in Bad Fusch. Schon im Mittelalter suchten Bauern die hier befindliche Quelle auf, um Labsal vor allem gegen das Sumpffieber zu finden, das vor der Trockenlegung des Oberpinzgaus zum Alltag gehörte. Internationale Bekanntheit als Kurort erlangte Bad Fusch durch den Förderer Erzbischof Friedrich IV. Fürst von Schwarzenberg. Ihm zu Ehren nannte man die Quelle »Fürstenquelle«. Diese ist heute tatsächlich noch aktiv, wenn auch kaum genutzt. Überhaupt war das 19. Jahrhundert die Blütezeit dieses atmosphärischen Winkels. Auf rund 1.200 Höhenmetern gelegen, ist das Refugium allein deshalb schon ein Mittel gegen Nervenleiden. Doch die ungünstige Verkehrsanbindung und andere Katastrophen führten nach dem Ersten Weltkrieg zum Niedergang. Der Salzburger Romancier Walter Kappacher hat Bad Fusch in seinem Roman »Der Fliegenpalast« zum Schauplatz gemacht und lässt den alternden Hugo von Hofmannsthal in der österreichischen Version von Thomas Manns »Zauberberg« hier sinnieren. Hofmannsthal war, wie viele andere Prominente, früher Gast im einst mondänen Kurhotel.

Anhand eines alten Katasterplans hat der Architekt Ulrich Stöckl die Lage der historischen Poststelle eruiert und dort im Auftrag des Tourismusverbands Großglockner-Zeller See eine Silhouette aus Baumstämmen errichtet. Wie hier gern gesagt wird, ist »ein Gebäude von Bad Fusch wiederauferstanden«. In der Mitte der Baumsilhouette liegt ein Bachlauf, der wiederum in der Mitte eines kleinen Kiesgartens liegt. Diese Erinnerung an das Kneippen und das Element des Lebens vergegenwärtigt die einstige Bedeutung dieses Ortes. Besonders reizvoll ist das Entdecken des historischen Brunnens in der Mitte des Labyrinths aus Buchenhecken … Wo dieses Labyrinth genau ist, das muss man schon selbst herausfinden.

Adresse 5672 Fusch an der Glocknerstraße-Bad Fusch | **Anfahrt** vom Zentrum Fusch auf der Straße »Zeller Fusch« links halten, über die Fuscher Ache in den Taxenbacher Fusch, etwa 6 Kilometer bis Bad Fusch | **Öffnungszeiten** ganzjährig, auch im Winter mit entsprechender Ausrüstung begehbar | **Tipp** Oberhalb der Hubertuskirche, ein paar Meter von der Post-Silhouette entfernt, befindet sich die alte Quellfassung der Fürstenkapelle und darüber wiederum die seinerzeit als Quellhaus dienende Sebastianikapelle.

3 Das AsitzBräu

Wenn das Biertrinken zur Bildungsreise wird

Der Leoganger Asitz wird gern als Berg der Sinne gepriesen. Wer das von Sepp Altenberger junior betriebene AsitzBräu auf 1.760 Meter Höhe betritt, dem schwirren erst einmal die Sinne. Denn diese Skihütte ist erstens keine Hütte und zweitens ein Museum des Bierbrauens. Von zwei historischen, einst in Bayern aktiven Brauereien stammen die hier aufgebauten Geräte. Sudhaus, Solebehälter oder die Linde-Kältemaschine – alles Originale, die so geschickt im großzügigen Haus verteilt sind, dass man praktisch von allen Tischen aus richtig Lust auf ein frisch Gezapftes bekommt. »Die bayerische Bierkultur in luftiger Höhe zu zelebrieren ist schon etwas Besonderes«, ist Sepp zu Recht stolz auf diese Sammlung.

Sie schafft nämlich nicht nur eine spürbare Hofbräu-Atmosphäre, sondern liefert auch Entdeckungen ohne Ende. Unzählige Kaffeemaschinen, klassische Pinzgauer Wurstspritzen, elegante Prosciutto- und raffinierte Teigmaschinen, mächtige alte Öfen, die heute als Tische dienen, und etliche Raritäten mehr verwandeln das Mittagsmahl in einen Museumsbesuch.

Dazu kommen noch Orgelpfeifen aus der Pfarrkirche Leogang und andere wundersame Musikinstrumente. Sepp erinnert sich an den Aufwand der Renovierung der ehemaligen Hütte, die am 17. Dezember 2011 neu eröffnet wurde: »Wir haben sechs Lkw-Züge mit in Summe 100.000 halbierten Ziegeln heraufgekarrt, um dieses Haus auszubauen und aufzustocken.«

In seiner Kindheit war Sepp tagelang glücklich, wenn ihm ein Hotelgast einmal ein Speckbrot spendiert hat. Als Knirps musste er stundenlang mit dem Traktor fahren. Harte Arbeit war das tägliche Programm. Heute kann er seine Passion zelebrieren. Manchmal muss er jedoch Nein sagen. »Ich bekam einmal eine Sammlung mit 50.000 Bären angeboten, Teddybären, Briefmarken mit Bärenmotiven – alles Mögliche. Ich hoffe, dass die Bären anderswo ein Ausgedinge erhalten haben.«

Adresse Pirzbichl 21, 5771 Leogang-Bad Leogang | Anfahrt auf der B164 Richtung Bad Leogang und dann über die Ache zur Bergstation Asitzbahn | Öffnungszeiten ganzjährig | Tipp Gleich nebenan befindet sich »Die Alte Schmiede« – ebenfalls ein Schauraum zum Staunen mit vielen Artefakten zum Schmiedehandwerk und etlichen anderen Schmankerln.

4 Der Christophorus

Sex, Drugs & neogotische Schnitzerei

Otmar Tappeiner entstammte einer Schnitzerfamilie aus dem Grödnertal. Sein außergewöhnliches Talent beweist die Christophorus-Figur im Krallerhof in Leogang. Man möchte vermuten, dass dies die Arbeit eines alten Meisters ist. Tappeiner jedoch war ein Kind des 20. Jahrhunderts. Er würde vielleicht immer noch leben, wäre sein Lebenswandel ein anderer gewesen. Er war – so erzählt man sich – dem Alkohol und den Frauen sehr zugetan. So hörte sein Herz schon jung zu schlagen auf.

Als im Krallerhof eine neue Bar gestaltet wurde, beauftragte der Pionier Sepp Altenberger senior den chronisch mittellosen Schnitzer. Kunstvoll entsteigt dem Weichholz der zarte Christophorus. Geschaffen mit der Langaxt. Der Riese mit seinem Stab trägt das Christuskind. Der Märtyrer gilt als Schutzpatron der Reisenden. Die Theologie ist sich uneins; eine historisch verlässliche Quelle zur realen Person fehlt. Widersprüchlich wie dieser zu den 14 Nothelfern zählende Heilige ist auch sein Schöpfer. Berühmt wurde Tappeiner nämlich nicht mit der Kunst, die von vielen als hervorragend eingestuft wird. Seine gotisch anmutenden Figuren aus Altholz sollten vielmehr als kunsthistorische Ware durch Hehler vertrieben werden. Die Überführung als Fälscher führte jedoch zu einem mehrjährigen Gefängnisaufenthalt. Aus dem Gefängnis heraus bat er Sepp Altenberger, seine Werke aufzukaufen. Der ist extra nach Innsbruck zur Gefängnisauktion gefahren, um alle Exponate zu ersteigern.

Was der bereits vor 600 Jahren erstmals erwähnte Krallerhof bereithält, ist nichts weniger als ein Museum der Moderne. Sohn Gerhard verwandelte das Hotel in eine multisensorische Landschaft: Skulpturen, Grafiken, Plastiken. »Für mich ist der Krallerhof eine Manufaktur der schönen Dinge«, betont Gerhard. Wo sonst ist man bitte im Wellnessbereich von Nitsch-Gemälden umgeben? Diese archaische Wirkung ist unvergleichlich.

Adresse Rain 6, 5771 Leogang-Bad Leogang | Anfahrt auf der B164 Richtung Bad Leogang und dann über die Ache | Öffnungszeiten Hotel ganzjährig geöffnet, Barbetrieb bis 24 Uhr | Tipp Neben dem Christophorus findet sich im Krallerhof eine frappierend altertümliche Reliefschnitzerei aus hartem Bergahorn, ebenfalls von Tappeiner, die verschiedene Heilige präsentiert.

5 Das Bergkristallkreuz

Das wahrscheinlich älteste Kreuz der Welt

Würde man eine Biografie der Gesteine der Alpen schreiben, wäre man überrascht, wo diese schon überall aufgetaucht sind. Seit dem Präkambrium und insbesondere seit dem Erdmittelalter vor gut 500 Millionen Jahren lassen sich die Wege über den Globus nachvollziehen. Man mag sich kaum vorstellen, dass manches Gestein etwa vom Äquator hierher in den Pinzgau gekommen ist. Doch allgemein gelten die Alpen als geologisch junges Gebirge.

Gerhard und Hannes Hofer haben in den Felswänden der Tauern wahrscheinlich mehr Zeit verbracht als unten im Tal. Im Jahr 2009 waren sie mit einem Filmteam unterwegs, um unter anderem die große Kluft von 1965 zu dokumentieren. Damals war der größte Bergkristallfund des Pinzgaus gemacht worden, in Summe 1.622 Kilogramm wogen alle Kristalle zusammen, die heute im »Haus der Natur« in Salzburg zu sehen sind. Da die beiden Hofer-Brüder vom Dreh gewusst hatten, waren sie schon ein paar Tage zuvor in der Nordwand des Eiskögele am Ende des Stubachtales unterwegs gewesen. Sie hatten geahnt, dass das schmelzende Eis weitere Funde zugänglich machen würde. »Da geht einem das Herz auf«, verrät der emsige Kristallsucher Gerhard. »Es ist grau, eng und schmutzig in der Kluft, und wenn man dann einen 15 Millionen Jahre alten Kristall herauszieht, dann ist das einfach faszinierend.« So war es auch beim Bergkristallkreuz, dem vermutlich ältesten Kreuz der Welt. Die besondere Form macht den Kristall zu einem einmaligen Blickfang.

Gerhard ist mit dem Alter vorsichtiger geworden, hat er doch schon in der Kluft übernachtet und dabei Lawinen über sich hinwegbrausen hören. Zudem nimmt der gefährliche Steinschlag zu. Es werden zwar mehr edle Steine freigelegt, aber man muss erst einmal hin- und wieder gesund wegkommen.

Das Bergkristallkreuz hat seinen berechtigten Platz im Museum Bramberg. Weitere besondere Objekte sind die größte Bergkristallstufe und weitere Edelsteine.

Adresse Museum Bramberg, Weichseldorf 27, 5733 Bramberg am Wildkogel, www.museumbramberg.at | **Anfahrt** von der Gerlosstraße in die Museumsstraße einbiegen, dann noch rund 500 Meter | **Öffnungszeiten** Juni–Sept. täglich 10–18 Uhr, Mai, Okt. Di, Do, So 10–18 Uhr, 30. Dez.–1. April Do 19–21.30 Uhr, Fr 13–17 Uhr | **Tipp** Gerhard und Hannes Hofer betreiben einen Alpenmineralien-Verkaufsraum in Wald 16, ein paar Kilometer entfernt in Richtung Krimml. Hier sind viele ihrer bezaubernden Funde aus den Tiefen der Tauern zu sehen und auch zu erwerben.

6__Die Rodelbahn

Die längste beleuchtete Rodelbahn der Welt

Der Rodelschlitten ist seit Jahrtausenden ein beliebtes Fortbewegungsmittel. Schon Plutarch beschrieb im antiken Griechenland, wie man mit einem Brett mit Kufen durch den Schnee saust. Ganz besonders lange währt das Vergnügen auf der längsten beleuchteten Winterrodelbahn der Welt. Sie befindet sich in der Wildkogel-Arena Neukirchen und Bramberg. Bei der Bergstation der Smaragdbahn geht's los. Man sollte sich für diese Talfahrt Zeit nehmen. Denn erstens dauert es gut und gern 40 Minuten, die 14 Kilometer und 1.300 Höhenmeter zu bewältigen, und zweitens verführen manche Hütten auf dem Weg zur Rast. Nicht umsonst heißt eine davon »Zwischenzeit«. Im Gegensatz zu sportlichen Wettkämpfen wie etwa der Formel 1 geht es aber hier nicht darum, einen möglichst kurzen, sondern eben einen geselligen und bequemen Boxenstopp einzulegen.

Am 22. Jänner 2017 erfolgte ein Weltrekord, der ebenso im Guinnessbuch der Rekorde festgehalten ist: die längste Rodlerkette der Welt. 508 Rodler hängten ihre Rodeln ineinander und bildeten so eine 750 Meter lange Rodelschlange. Diese glitt mehr als vier Minuten lang den Hang hinab. Den versierten Kopf dieser einmaligen Schlange bildete die Doppelweltmeisterin im Naturbahnrodeln Lea Geiger.

Richtig magisch ist die Rodelbahn aber in den Nachtstunden. Initiator Rudolf Göstl von den Bergbahnen Wildkogel erinnert sich: »Früher sind die Leute gern bis zur Dunkelheit in den Hütten gesessen und mussten für ihre Heimfahrt auf einen besonders hellen Vollmond hoffen.« Da war die Entscheidung, eine Beleuchtung entlang der beschneiten Strecke zu installieren, gerade richtig, um Licht ins Dunkel zu bringen. Heute genießen Hunderttausende Rodler jedes Jahr die herrliche Fahrt durch die glitzernde Alpenlandschaft. Wer die Verkehrsregeln beherzigt, muss sich auch keine Sorgen machen, dass der Schlitten mit einem Schlitten fährt.

Adresse Smaragdbahn, Senningerfeld 1, 5733 Bramberg am Wildkogel | **Anfahrt** mit der Smaragdbahn von Bramberg oder der Wildkogelbahn von Neukirchen | **Öffnungszeiten** Mitte Dez.–Mitte März, Rodelbahn bis 22 Uhr befahrbar | **Tipp** In der Nähe der Bahn liegt auf 1.524 Metern die Ambrosiuskapelle und bietet einen herrlichen Ausblick. Gewidmet ist sie dem Schutzpatron der Imker.

7 Der Salzburger Wollstadel

Moderne Pantoffelhelden tragen Doggln

Bunte Taschen, Hüte, Strümpfe aus Filz empfangen den Besucher des Wollstadels, liebevoll dekoriert um einen gemütlichen Kachelofen. Augenblicklich fühlt man sich in der Welt von Hilde und Silvia heimelig. Die Frauen des Wollstadels halten mit dem Verarbeiten der Schafwolle und dem Filzen eine jahrhundertealte Tradition und Handwerkstechnik hoch, die sie in Kursen weitergeben. Riesige Körbe, gefüllt mit loser Schafwolle, vermitteln Behaglichkeit, die wollig-weiche Masse wartet auf ihre Verarbeitung.

Grenzüberschreitend wird hier Schafwolle aus Bramberg mit jener aus dem Ötztal vermengt. Die Wollstadel-Frauen färben diese eigenhändig und bieten Filz-Neulingen Vorlagen und Muster an, um etwa ein handgemachtes Sitzkissen zu gestalten. Eine andere Besonderheit sind die handgemachten »Doggln«, gute alte Filzpantoffeln, wobei das Wort laut Heimatforscher Josef Lahnsteiner ursprünglich für etwas steht, was nichts wert ist. Es bleibt der Phantasie überlassen, wer unter Eheleuten früher manchmal diesen »Kosenamen« verliehen bekam. Doggln wurden früher aus alten Stoffen und Lumpen zusammengeflickt und mit Mehlpapp verklebt. Zum Kaufen von Schuhen fehlte das Geld, deshalb wurde recycelt. Heute sind diese »Hauspantoffeln« eine gefragte Rarität. Auf einen Holzleisten gespannt, werden Stofflagen mit in Bienenwachs getauchtem Sattlergarn und einer gebogenen Schusternadel fein säuberlich Stich für Stich zusammengenäht. Dies erfordert Geschicklichkeit, Kraft und Geduld, dafür nimmt man ein in Farbe und Muster bestellbares Unikat und ein Stück Gemütlichkeit mit nach Hause.

Mit dieser dicken Sohle könne man auch im Regen in den Stall laufen, erklärt Silvia, während sie mit der Kernseife hingebungsvoll immer wieder über die besonders fein gekämmten Schafwoll-Lagen streicht. Walken ist meditativ, ein sinnliches Spiel mit Material und Farbe, weiß Silvia.

Adresse Weichseldorf 27a, 5733 Bramberg am Wildkogel, www.wollstadel.at | **Anfahrt** B165, Bramberg-West, Richtung Museum Bramberg (Wilhelmstall) | **Tipp** Die Bramberger Obstpresse ist ein Projekt des Vereins Tauriska zur Förderung des Obstanbaus. Jährlich werden so circa 70.000 Liter Saft gepresst (www.obstpresse.at).

8 Der Weyerhof

Was es mit dem Tatzelwurm auf sich hat

Ein Maler auf der Suche nach einem romantischen Motiv müsste seine Staffelei einfach vor dem Weyerhof aufstellen. Der bereits im Jahr 1130 urkundlich erwähnte Hof ist nach seiner Renovierung ein Kleinod. Hinter ihm ragt die Ruine der einstigen Burg empor und verleiht dem Anwesen mystische Kraft.

Auch der Weyerhof selbst bietet einen Fundus an Objekten mit Strahlkraft. Das fängt schon an der Außenwand mit der Sonnenuhr von Wilhelm Kaufmann und einer Ansicht des Hofs an und setzt sich im Inneren mit den zahlreichen charmanten Wirtsstuben und Gängen voller Utensilien wie alten Truhen und Bildern – etwa von der seinerzeit hier wohnenden Bauernkönigin Anna Maria Rottmayr – fort. Im Zweiten Weltkrieg waren hier sogar kurze Zeit Gemälde von Breughel, Tizian oder Rembrandt versteckt, um sie vor dem Verbrennen zu bewahren.

»Einst war auch der bekannte Maler Josef Stoitzner zu Gast, der manchmal sein Mahl mit einer Zeichnung zahlte«, erzählt Elisabeth Meilinger senior. Seit über 200 Jahren führt ihre Familie den Hof. Heute bietet er 14 Zimmer sowie ein prämiertes Restaurant.

Ein besonderes Objekt ist die Holzschnitzerei an der Außenwand des Zubaus. Hier sieht man den heiligen Georg, wie er dabei ist, seine Lanze in das Ungeheuer zu bohren. Doch ist es nicht ein Drache, der sich gegen seinen drohenden Tod wehrt, sondern ein seltsames Geschöpf. Es handelt sich um einen Tatzelwurm mit Teufelskopf. Dieses alpenländische Fabeltier findet sich in einigen Sagen wieder. Inspiriert ist die Geschichte mutmaßlich von Fischottern, die sich in der Zeit der Brunft merkwürdig verhielten. Zwar ist das kein Privileg von Fischottern, aber die Beobachtungen nährten die Legende von drachenartigen Wesen. Dass der Tatzelwurm einen Teufelskopf hat, lässt sich damit erklären, dass das Böse ein Gesicht bekommen sollte. Man erkennt an dieser Schnitzerei klar: Auch das Böse fürchtet sich.

Adresse Weyer 9, 5733 Bramberg am Wildkogel, www.weyerhof.at | **Anfahrt** direkt auf der Gerlosstraße (B165) zwischen Bramberg und Neukirchen gegenüber der Einfahrt zum Habachtal | **Tipp** Gleich in der Nähe steht die Weyerkirche. Sie wird als Filialkirche bezeichnet, weil sie eine Nebenkirche der eigentlichen Hauptkirche in Bramberg ist.

9 Die Eiche im Woferlgut

Ein Stück Ewigkeit für den Revolutionär

Über viele Jahrhunderte spielte das Schloss Fischhorn in Bruck eine entscheidende Rolle in der Geschichte des Pinzgaus. 1216 gelangte es, wenige Jahre nach seiner Errichtung, in den Besitz der Bischöfe von Chiemsee. Die verschiedenen Pächter und Beamten forderten Abgaben von den hiesigen Bauern. Das ließen sich diese am Beginn der Neuzeit nicht mehr gefallen. Moralisch gestärkt durch protestantische Thesen und die Forderung nach gerechter Behandlung, kam es am 20. April 1526 zum zweiten Aufstand gegen den Klerus und die Aristokratie. In der Folge brannten Kleinlehenbauern aus Taxenbach und aus Bruck – die Gaferl- und Woferlbauern – das Schloss nieder und zogen im Verbund nach Salzburg, um dem vertragsbrüchigen Erzbischof Lang die sogenannten Leviten zu lesen.

Doch schon in Radstadt wurde der Aufstand niedergeschlagen, die rebellischen Gaferl- und Woferlbauern wurden wie viele andere erhängt. Kein Kreuz durfte für sie aufgestellt werden. Stattdessen pflanzten die Hinterbliebenen beim Gaferlgut eine Linde und beim Woferlgut eine Eiche. Letztere ist heute – fast genau 500 Jahre nachdem sie gesetzt wurde – immer noch zu bestaunen. Umarmen kann man sie schon lange nicht mehr. Die Linde allerdings erlitt 1982 einen beträchtlichen Sturmschaden und musste 2012 nach einem neuerlichen Blitzschaden schließlich gefällt werden.

Die Eiche steht bereits seit 1933 unter Naturschutz. Sie verdiente es noch mehr, zum Postkartenmotiv zu werden, ist sie doch das lebendige Symbol der Auflehnung gegen Ausbeutung und Unterdrückung. Gerade im Pinzgau hat man mehrfach bewiesen, dass man sich von den Mächtigen der Feste Hohensalzburg und anderen Regenten nicht auf der Nase herumtanzen lassen will. Die Eiche drückt dies auch aufgrund ihrer beeindruckenden Höhe und Breite aus, überragt sie doch einen vierstöckigen Neubau des Woferlgutes um etliche Meter.

Adresse Krössenbachstraße 40, 5671 Bruck an der Glocknerstraße | **Anfahrt** auf der Glocknerstraße vom Stadtzentrum Bruck bis zum Kitzsteinhornweg, Woferlgut am Ende des Wegs an der Kreuzung mit der Krössenbachstraße bereits zu erkennen | **Tipp** In der Nähe liegt das Naturschutzgebiet »WiesenKönigReich« mit einer Aussichtsplattform. Hier erfährt man viel über Fauna und Flora des Brucker Mooses (www.wiesenkoenigreich.at).

10 Die Salzader

Das weiße Gold nährt Psyche und Physis

Ungläubig scheinen die drei Brüder – die Gipfelgruppe im Salzachtal bei Gries – auf das Logo der einzigen Natursalzgrotte des Pinzgaus zu blicken. »Warum werden wir hier abgebildet?«, mögen sie fragen. Das Logo präsentiert die drei charakteristischen Bergköpfe. Beim Besuch der Salzgrotte ist man zugleich in Salzburg und im Himalaya. Doch wie kam das Salz von Nepal hierher?

Die Nachbarn von Rudi Eder und Silvia Scheiber rätselten, als diese scheinbar einen zweiten Keller neben ihrem Haus bauten. Dann wurden zehn Paletten mit zwölf Tonnen schweren Himalaya-Natursalzsteinen vor deren Haus geliefert. Zum Krimi wurde der Transport in den Keller durch plötzlich beginnenden Schneefall. Schließlich vertragen sich Salz und Wasser nicht besonders. Der Schnee setzte den Steinen zu. Da hieß es: Schnell sein und alles in den Keller verfrachten! Mit Erfolg, denn kein Natursalzstein löste sich auf.

Der Stolz von Rudi Eder und Silvia Scheiber ist zweifellos die große Salzader. Ein etwa 1,5 Meter langer Kristallschlauch ziert aufsehenerregend die Mitte des Raumes. Bewusst wurde nur Himalayasalz verwendet, denn im Meersalz befindet sich bereits zu viel Mikroplastik. Durch einen runden Auslass, das Herzstück, werden vier verschiedene Trockensalze vermischt und in den Raum eingeblasen. Durch die feine Vernebelung des Salzes gelangen die Partikel bis in die kleinen Lungenbläschen. Das hilft bei Atemwegserkrankungen, Hauterkrankungen, Schlafstörungen oder depressiven Verstimmungen und sorgt allgemein für Entspannung. Bunte Lichteffekte und eine spürbar reine Luft versetzen den Besucher in einen entspannten Ruhezustand. Dann wird es völlig dunkel, leise erklingt Musik, und am projizierten Nachthimmel erscheinen die Sterne der Milchstraße.

Rudi ist diplomierter Praktiker der Traditionellen Europäischen Heilkunde. Er weiß genau, warum man das Salz früher das weiße Gold der Adeligen nannte.

Adresse Pinzgauer Natur Salz Grotte, Franz-Lederer-Straße 4, 5671 Bruck an der Glocknerstraße, www.salzgrotte-pinzgau.at | Anfahrt auf der B311 Abfahrt Bruck Richtung Schloss, 2. Straße rechts einbiegen | Öffnungszeiten Mo 10–16 Uhr, Di 13–20 Uhr, Mi 16–19 Uhr (Kindernachmittag), Do 13–16 Uhr, Fr 13–19 Uhr, Sa nach Vereinbarung unter Tel. 0676/3314503 | Tipp Vom einen Eder zum anderen. Franz Eder ist ein leidenschaftlicher Imker in der Steinbachstraße 16 in St. Georgen. Salzig und süß stärkt das Immunsystem.

11__Die Hochkönigskrone

Ein Alpen-Aristokrat mit seinen drei Kronen

Zufrieden blickt der mächtige Hochkönig auf die Kronen zu seinen Füßen. Einen so einschüchternden Berg, wie er einer ist, kann man nicht leicht beeindrucken. Aber er kann sich seiner glänzenden Kronen glücklich schätzen. Als praktisch letzter imposanter Gipfel der Berchtesgadener Alpen hat er es gerade noch nach Österreich geschafft und wird gleich gekrönt. Kommt man von Norden, wirkt das Massiv des Hochkönigs friedvoll. Seine Südseite zeigt jedoch sein zackenreiches und namensspendendes Haupt.

Die Menschen wollten einen speziellen Zugang zu diesem majestätischen Areal schaffen. Von Süden geht es über die »Übergossene Alm« hinauf, die ihren Namen wiederum durch eine Sage vom Zufrieren der Hochalm erhalten hat. Drei Gemeinden gehören zum Hochkönig: Maria Alm, Dienten und Mühlbach im Pongau.

Deren Ansinnen war es ursprünglich, den Wanderbereich bloß mit Holztafeln zu markieren. Die Idee des Metallkünstlers Max Sendlhofer, die Krone als Tor ins Reich des Königs darzustellen, überzeugte die Jury. Max war so schlau, statt einer Skizze seine Krone gleich als 3-D-Objekt im Maßstab 1:10 zu präsentieren. Dieses Kleinformat führte zum Großformat an der Ortseinfahrt. Gewährt der König heute eine Audienz oder eher nicht? Ein Blick durch diese Krone auf den Berg zeigt an, ob der hohe Herr in Wolken gehüllt und misslaunig ist.

Die 700 Kilogramm schwere und vier Meter hohe Krone ist eine Konstruktion aus Edelmetall. Max versah diese mit einer goldenen Ziernaht und fügte eine Sonne aus goldbeschichtetem Blech in die Zacken ein. Wer genau hinsieht, entdeckt auf der inneren Seite einen Kletterer. Dieser symbolisiert das Kraxeln. Auch in Maria Alm und Mühlbach gibt es spezielle Symbole, denn alle drei Gemeinden haben sich diese Kronen aufgesetzt. Manch einer freut sich seither, wenigstens dadurch den Durchblick zu haben, und sei es nur auf die Teufelslöcher des Hochkönigs.

Adresse 5652 Dienten am Hochkönig (Metallkünstler Max Sendlhofer: www.metallmax.at) | **Anfahrt** von Saalfelden auf der Hochkönigstraße B164 über Maria Alm nach Dienten, Krone an der Ortseinfahrt | **Tipp** Die Pfarrkirche zum heiligen Nikolaus auf dem Dientner Kirchbühel hat ein gotisches Sternrippengewölbe und ist die einzige zweischiffige Hallenkirche im Salzburger Land.

12 Die Frau mit Bart

Die heilige Kümmernis gab's vor Conchita Wurst

Als 2014 die Kunstfigur Conchita Wurst den Eurovision Song Contest gewann – der zweite Sieg Österreichs beim ESC –, war die Aufregung groß. Als bärtiger Mann mit betont femininen Attributen verwirrte Thomas Neuwirth die Öffentlichkeit. Dabei gibt es die Geschichte der heiligen Kümmernis seit Jahrhunderten. Sie soll auf eine portugiesische Königstochter zurückgehen, die im 2. Jahrhundert lebte und Christin wurde. Ihr Vater wollte sie mit einem Heiden vermählen. In ihrer Verzweiflung rief sie Gott an, er möge sie so verunstalten, dass der Bräutigam in spe jegliches Interesse verlöre. Am kommenden Morgen wachte sie mit einem Vollbart auf. Das vertrieb den Werber. Der Vater jedoch raste. Wutentbrannt ließ er seine ungehorsame Tochter kreuzigen. Drei Tage soll sie noch vom Kreuz herab gepredigt und schließlich ihren Vater bekehrt haben, woraufhin dieser ihr zu Ehren eine Kapelle errichten ließ. Im Mittelalter wurde die Legende variiert, auch die Namen änderten sich, fortan war von Wilgefortis die Rede, was sich vom Lateinischen »virgo fortis« – starke Jungfrau – ableitet. Kern aller Erzählungen waren Freiheits- und damit Frauenrechte in einer patriarchal dominierten Gesellschaft.

Diese Allegorie findet sich in der sogenannten Dorferkapelle. Betritt man die Kapelle, sieht man zur Linken einen Gekreuzigten. Blickt man genauer hin, dann ist die Brust gewölbt, und am Kreuz findet sich der Eintrag »Heilige Kümmernis bitt für uns«. Zu ihrer Rechten spielt ein trauriger Geiger. Die Legende der Kümmernis ist um die Sage vom mittellosen Musiker erweitert worden, der vor einem Bildnis der heiligen Prinzessin spielte, woraufhin die Heilige ihm ihren goldenen Schuh zuwarf. Der Arme wurde des Diebstahls bezichtigt und zum Tod durch den Strang verurteilt. Als letzten Wunsch äußerte er, noch einmal vor dem Bildnis spielen zu dürfen. Da flog auch schon der zweite Goldschuh, und für den Geiger gab's ein Happy End.

Adresse Kapelle St. Gregor und Florian, »Dorferkapelle« genannt, 5732 Dorf-Paßthurn bei Bramberg am Wildkogel | Anfahrt auf der Gerlosstraße bis nach Dorf, dort in die Ortsmitte | Öffnungszeiten tagsüber | Tipp Ganz in der Nähe fährt die Panoramabahn Kitzbüheler Alpen, die im Sommer ein Gondelfrühstück und eine appetitanregende Weitsicht bietet – mit Bart vom Milchschaum.

13 Der Raum der Stille

Wie ein ehemaliger Stall intelligent genutzt wird

Das »Geistliche Zentrum Embach« ist ein Ort, der auch körperlich fordert. Schließlich gilt es, den steilen Kirchbühel zu überwinden, um auf das Plateau zu gelangen. Hier stehen die im Lauf der Jahrhunderte mehrfach erweiterte Kirche und der Pfarrhof. Doch der heimliche Star des Gebäudeensembles ist der adaptierte Stall. Architekt Tom Lechner hat das damals desolate Haus nach einem Wettbewerbserfolg in ein modernes Gebäude übergeführt. »Als Kind hat mich das schon immer fasziniert, wenn im Stall durch die Holzpfosten die Sonnenstrahlen gekommen sind und die staubige Atmosphäre mystisch verstärkt wurde«, erinnert sich der Architekt. Diese Qualität der bäuerlichen Typologie blieb erhalten. Oswald Scherer, Pfarrer und Leiter des geistlichen Zentrums, weiß: »Im Winter kann schon der Schnee reinwehen.« Aber nur im Treppenhaus. Denn der ergänzte Teil beherbergt eine einfache und doch behagliche Klause sowie den Meditationsraum und einen Seminarraum darüber.

Würden alle Wände komplett gedämmt, wäre diese charismatische Stimmung verloren. Das Erdgeschoss ist massiv aus Stein gebaut und mit Mörtel verputzt, darüber befindet sich der Holzbau, weit weg vom schädlichen Spritzwasser. Neues Bauen mit traditionellen Materialien wie Metall und Lehm. Dieser stammt aus der unmittelbaren Umgebung und ist durch den hier gängigen schwarzen Schiefer grau gefärbt. Auf ideale Weise wurde er von Lehmmeister Martin Rauch mit den anderen Elementen vermischt und bindet verlässlich die Feuchtigkeit. Vor dem Raum der Stille steht eine monumentale Schale aus Carraramarmor, die der Künstler Wilhelm Scherübl zum Gesamterlebnis beigetragen hat. Der Raum selbst ist reduziert und animiert dazu, sich nicht um-, sondern vor allem in sich hineinzuschauen. Wer weiß, was dann alles in der Schale liegt, wenn man aus der Meditation ins Wachsein zurückkehrt.

Adresse Embach 7, 5651 Lend-Embach | Anfahrt vom Ortszentrum zwischen Oberwirt und Krämerwirt die steile Straße hinauf | Öffnungszeiten ganzjährig außer Aug., falls abgesperrt beim Pfarrer läuten, Infos unter Tel. 0676/8746-6924 | Tipp In der Pfarrkirche zum heiligen Laurentius in Embach fallen sofort die kräftigen Deckenmalereien von Virgil Groder auf. Im Mittelpunkt des Hochaltars steht das originale Gnadenbild von Maria Elend, das nach dem dortigen Neubau hierhergekommen ist.

14 Bär und Wolf

Wohngemeinschaft im Wildpark

Wenn sich Bär und Wolf gute Nacht sagen, dann hört man Hunderte Tiere schnarchen. Denn im Wildpark Ferleiten finden sich rund 40 verschiedene Arten, hauptsächlich Säugetiere. Seit 2010 gibt es hier sogar ein gemeinsam mit dem Nationalpark Hohe Tauern errichtetes »Haus der Fische«. So ungewöhnlich ist das nicht, existiert in der Region doch mit der Urforelle eine Fischart, deren genetische Verwandtschaft mit Urfischen erstaunlich eng ist.

Aber man besucht den Wildpark für gewöhnlich nicht, um Fische zu fangen. Vielmehr ist die Wohngemeinschaft von Bären und Wölfen ein besonderer Grund. Denn die Tiere sind einander in respektvoller Distanz zugetan.

Der Park befindet sich fast am äußersten Zipfel des Pinzgaus, kurz bevor die legendäre Großglockner-Hochalpenstraße nach Kärnten führt und den Blick auf Pasterze und Großglockner ermöglicht. Schon im 19. Jahrhundert betrieb die Familie von Johann Mayr eine Landwirtschaft und übernahm 1874 den Gasthof »Lukashansl«. 1979 schließlich gründete die Nachfolgefamilie Mayr-Reisch einen Wildtierpark. Ein Grund dafür war auch die geringe Ausbeute dieses landwirtschaftlich schwierigen Terrains. Für die Tiere jedoch ist das 15 Hektar große Areal ein Paradies. Sie ertragen meist stoisch die klickenden Kameras der Besucher und zeigen arrogant ihren Rücken und das Gesäß, wenn der geneigte Fotograf doch viel lieber ein Porträt etwa des reizvollen Kopfes samt Hörnern gemacht hätte. Heute ist der Park noch immer in Familienbesitz. Die neue WG mit Wolf und Bär besteht aus drei Gehegen, in die sich die Tiere zurückziehen können, wenn sie Lust auf »Cocooning« haben. Da es sich mit Stand 2022 um zwei männliche Bären und zwei weibliche Wölfe handelt, sind allzu komplexe Beziehungsdramen eher unwahrscheinlich. In der freien Natur leben diese Tiere grundsätzlich problemlos im selben Areal und halten den nötigen Abstand – wie in der WG im Wildpark Ferleiten.

Adresse Wild- und Erlebnispark Ferleiten, 5672 Fusch an der Glocknerstraße-Ferleiten | Anfahrt auf der Glocknerstraße von Bruck bis fast zur Mautgrenze, auch mit dem Postbus aus Zell erreichbar | Öffnungszeiten Mai–Anfang Nov. täglich 9–18 Uhr | Tipp Gleich neben dem Wildpark liegt die Mautstelle der am 3. August 1935 eröffneten Großglockner-Hochalpenstraße. Mehr als 3.000 Arbeiter schufen diese Verbindung. Schon in vorkeltischer Zeit wurde der Weg über das Hochtor genutzt.

15 Der Andersdenker

Der chinesische Garten des Sebastian Perfeller

Es kommt manchmal vor, dass Pioniere entmündigt werden. Dieses Schicksal teilte der 1814 geborene Sebastian Perfeller, der ein exzentrischer Mensch gewesen sein mag und gleichzeitig andere Werte pflegte als das Kollektiv. Als Schmied in Fürth tätig, befasste er sich lieber mit Büchern und Malen als mit Trinken und Frauen. Seine Ehefrau verschwieg selbst am Hochzeitstag noch, dass sie von einem anderen schwanger war. Erst als dies offensichtlich war, dämmerte Perfeller der Vertrauensbruch. Eine gewisse Naivität war symptomatisch für ihn, der einige Jahre später sogar unter Vormundschaft gestellt wurde.

Dennoch gelang es ihm – pass- und mittellos –, eine Reise nach Brasilien und dann auch nach Nordamerika zu unternehmen. Befähigt durch angelesenes Wissen, begann der mittlerweile 53-Jährige – nunmehr wieder frei, wenn auch nicht sozial rehabilitiert –, einen kunstvollen Garten zu gestalten. Im Volksmund als »Chinesenstadt« bezeichnet, entstand ein wundersames Ensemble mit verspielten Anspielungen auf dem abschüssigen Gelände im Fürther Graben.

Er, der nie in China gewesen war, gab den unterschiedlichen Häusern Funktionen, wie man sie von Salons kennt, etwa eine »Billard- und Conversations-Altane«. Die Konversation betrieb der Einsiedler primär mit sich selbst. Kurz nach seinem Tod 1883 zerfiel das Ensemble. Ein Brand besiegelte das Ende. Der Verein Tauriska initiierte gemeinsam mit Harry Liebmann eine Ausstellung mit einem Modell der einstigen »Chinesenstadt«. Dieses dümpelt derzeit am Dachboden im Gemeindeamt vor sich hin.

Am Panoramaweg oberhalb von Piesendorf erzählen die Schautafeln von vielem. Auch von Perfeller. Die ihm gewidmete Tafel ist auf dem Wengerbergweg fast genau in der Mitte zwischen Piesendorf und Fürth montiert. Mit etwas Phantasie mag man sich die chinesisch verzierten Dächer im Tal vorstellen, die dort vor rund 140 Jahren zu sehen waren.

Adresse Wengerbergweg, 5721 Piesendorf-Fürth, bis zur Schautafel für Perfeller | **Anfahrt** auf der Dorfstraße bis zum Tourismusverband Piesendorf, dort Start des Panoramawegs | **Tipp** Am Ende des Panoramawegs mit seinen zehn Schautafeln betritt man den Wald, der im Sommer nicht mit Eierschwammerln (Pfifferlingen) geizt.

16 Die Bassgeige

Das trojanische Musikinstrument

Bei diesem Musikinstrument braucht man wahrlich viel Kraft und Sinn für Navigation. Als die Bassgeige einmal auf einem Schlitten transportiert wurde, hakte ihr monströser Hals bei einer elektrischen Leitung ein. Es ist ja oft so, dass gute Musik Menschen richtig unter Strom setzt. In diesem Fall jedoch unterbrach die Bassgeige die Stromzufuhr. Kein Wunder: Mit ihren 4,80 Metern Länge ist die 1937 von Ernst Reitstätter gebaute Bassgeige die größte weithin. Heute steht sie in der Mühlauersäge, in der Erlebniswelt Holz. Fast könnte man meinen, sie ducke sich ein wenig, damit sie haarscharf unter den Dachgiebel des Museums passt.

Im Bauch der Bassgeige haben einige Musiker Platz. Wenn der Maestro auf dem Korpus hockt und mit seinem Bogen den Tauen Töne zu entlocken versucht, dann ist gutes Timing mit den Musikern im Inneren des Holzinstruments gefragt. So kann ein Pantomime ein Meisterstück simulieren, wenn die Kollegen mitmachen. Allein entlockt man ihr eher Geräusche als Akkorde.

Es ist zweifelsfrei das ungewöhnlichste Objekt in der Sammlung dieses Museums. Dabei finden sich hier so viele fein gearbeitete, für klassische Holzberufe unverzichtbare Holzwerkzeuge. Oft in Verbindung mit einem versierten Schmied, der Eisen und Holz genial verbindet. Etwa beim handgespaltenen Lärchenholz für die traditionellen Dachschindeln, die fast ebenmäßig glatte Flächen ermöglichen. Die Bearbeitung sorgt für eine dreimal so lange Lebenszeit im Vergleich zu gesägten Schindeln.

Ob Schindler, Binder, Wagner oder Drechsler, in diesen und weiteren Familiennamen ist die Arbeit der traditionellen Holzbearbeiter konserviert. Bewahrt bleibt in dem seit 2004 geöffneten Holzmuseum von Brigitte und Sepp de Mas das Wissen um die zahlreichen Produkte, die mit Zellulose in Verbindung stehen. Wussten Sie zum Beispiel, dass eine Zahnpasta Zellulose und damit ein Stück Wald enthält?

Adresse Erlebniswelt Holz, Zeller-Fusch 121, 5672 Fusch an der Glocknerstraße, www.muehlauersaege.at | Anfahrt im Ortszentrum Fusch Richtung Kirche abzweigen, vorbei an Gemeindeamt/Volksschule und circa 200 Meter weiter bis zum Sägewerk | Öffnungszeiten Führungen unter Tel. 0664/2112823 vereinbar | Tipp Der »Priiglschuach« ist beim Holztransport wichtig. Er wird dem »Prügel« (dem Baumstamm) sozusagen angezogen. So bleibt dieser beim Rumpeln über Wege und Straßen schadlos und ist leichter zu transportieren. Wo in der Mühlauersäge findet er sich?

17 Die Malerstube Jordan

Das geheime Innenleben der Eier

Die Begeisterung, mit welcher sie sofort über ihr künstlerisches Leben berichtet, lässt vergessen, dass man mit ihr eine betagte Künstlerin vor sich hat. Hier geben unzählige Schätze Zeugnis von der großen Begabung, mit der Mariloise Jordan von klein an ausgestattet war. Schon als Siebenjährige hat sie für ihre Mutter Erdbeeren und Osterhasen auf kleine Zettelchen gemalt, zum Glück hob diese die ersten Werke ihres begabten Kindes auf.

Mit immer noch gutem Sehvermögen und ruhiger Hand malt sie farbenprächtige Blumenbilder, gestaltet Bücher, verziert winzige Eier mit ihrer kunstvollen Schrift: »Dieses rote Ei spricht – Lebewohl, vergiss mein nicht«. Zeit ihres Lebens hat sich Mariloise darum bemüht, die Volkskultur, das Brauchtum und das Wissen darüber zu erhalten. Obwohl ihre grafische Ausbildung bei Hans Oberschneider in Zell nur drei Jahre dauerte, um Schrift, Gestaltung und Druck zu erlernen, beherrscht sie aufgrund autodidaktischer Studien alle anderen Techniken der Malerei in Öl, Aquarell und Tempora. Drei Kinder zog sie neben ihrer künstlerischen Tätigkeit groß. Die Restaurierung alter Vereinsfahnen, kostbarer Bücher, faszinierender Ausstellungen und eben prachtvolle Ostereier waren immer Teil ihres Lebens.

Der Osterhase jubelt: Mit Hingabe präsentiert Mariloise die in verschiedensten Techniken gestalteten Eier, als würde sie dies zum ersten Mal tun, und hat doch Tausende derselben in ihrem Leben bemalt und ausgeschmückt, vom Wellensittich-Ei von der Größe eines Fingernagels bis zum Straußenei.

Neben den Freundschafts-, Hochzeits- und Trosteiern finden sich die »Godn-Eier« mit einem kunstvoll ausgeführten Sprüchlein in der Zauberstube der Pinzgauer Künstlerin. Im Godn-Ei stecken ein Fatschenkind und ein geweihter »Godn-Taler«, diese sollen das Taufkind ein ganzes Leben lang begleiten und ihm Glück bringen. Mariloise besitzt wohl selbst ein besonderes Ei dieser Art.

Adresse Mariloise Jordan, Zeller-Fusch 112, 5672 Fusch an der Glocknerstraße | Anfahrt von Bruck aus kommend circa 7 Kilometer der Straße entlang | Öffnungszeiten Anmeldung unter Tel. 06546/214 | Tipp Zum Godn-Ei passt eine handgemachte Kerze. Die Kerzenwelt Bruck in der Glocknerstraße 60 bietet eine reiche Auswahl.

18 Die Räucherpfanne

Sieben Kräuter fürs traditionelle Räuchern

Kräuter spielen im Pinzgau nicht nur für die körperliche Gesundheit eine wesentliche Rolle, sondern auch für die seelische. Die sieben Kräuter für das traditionelle Räuchern werden am Vortag von Maria Himmelfahrt gesammelt. Königskerze, Johanniskraut, Wacholder, Kunigundenkraut, Fuchskreuzkraut, Schafgarbe und Dost bindet man zu einem üppigen Buschen, der am 15. August geweiht wird.

Die großen Stunden des Kräuterbusches schlagen in der dunklen Jahreszeit. Familie Haider betreibt seit vielen Jahren den Kräuterhof Lutzbauer in Gföll. Barbara und Hans Haider haben für die Kräuter gar eine Kapelle errichtet. Die 14 Nothelfer sind in dieser Kapelle verewigt. Hans macht das anschaulich: »Bei so vielen Heiligen ist auch für überzeugte Atheisten einer dabei, der hilft.« Aber nicht allein diese Riege an spirituellen Begleitern ist bemerkenswert, sondern auch die Kräuter, denen der Andachtsort gewidmet ist.

Die liebevoll gestaltete und für alle offene Kapelle befindet sich am Beginn des Heilkräuterweges, der den gesamten Lebenszyklus symbolisiert. Am Anfang geht es meist steil bergauf, und später dann – wenn das Haar grauer wird und die Knochen schwerer – geht es bergab. Aber am Schluss verläuft der Weg wieder gemächlicher, so ruhig wie der erhoffte Lebensabend. An den drei Raunächten, den Vorabenden zum Heiligen Abend (»Bachltag«), zu Silvester und zum Dreikönigstag, wird der Kräuterbusch in drei Teile geteilt. Ein Teil wird an die Tiere verfüttert, einer ist fürs »Rach'n geh'n« und der dritte für Notfälle während des Jahres. Beim »Rach'n geh'n« ist es wichtig, dass die ganze Familie beisammen ist. Das Gefühl, zueinander zu gehören und mit der Erde verbunden zu sein, steht im Mittelpunkt der Zeremonien. Auf dem Kräuterlehrpfad und bei den Seminaren erfährt man viel über die Wirkweise der Kräuter und die Tradition des Räucherns, die im Pinzgau an mehreren Orten hochgehalten wird.

Adresse Kräuterhof Lutzbauer, Gföll 21, 5091 Unken-Gföll, www.lutzbauer.at | **Anfahrt** vom Ortszentrum Unken auf der Straße »Unken« vorbei am Regionalmuseum Kalchofengut bis zur Straße Gföll, dann noch etwa 2 Kilometer | **Öffnungszeiten** Seminare und Kräuterei ganzjährig, Infos und Termine auf der Webseite oder unter Tel. 06589/7459 | **Tipp** Die gusseiserne Pfanne fürs Räuchern kann man sich das ganze Jahr über ansehen. Im Regionalmuseum Kalchofengut warten viele weitere Objekte mit traditionellen Geschichten zum Heutal und zu Unken.

19 Die Mafiabraut

Die Femme fatale vom Heutal

Virginia Hill lautete der klingende Name einer ungewöhnlichen Frau. Vor allem für das Heutal war es einmalig, dass sich hier eine Geliebte hochrangiger Mafiabosse versteckte. An der Seite von »Bugsy« Siegel, der einen zentralen Impuls für jenes Las Vegas geleistet hat, das heute in Nevada Reisenden bereits aus etlichen Kilometern Entfernung entgegenblinkt, machte sie ein Vermögen. Mit dem Jetset in Hollywood verbrachte sie tosende Partys. Was machte so eine im Heutal?

Als die Verbrechen der »ehrenwerten Gesellschaft« von der Justiz geahndet werden und Hill als Kronzeugin aussagen soll, bezahlt man teuer für ihr Schweigen. Beruhigend ist das nicht – schließlich sind auch die Steuerbehörden hinter ihr her. Hill hat 1950 den Salzburger Skilehrer Hans Hauser kennen- und lieben gelernt. Mit ihm und dem gemeinsamen Sohn Peter geht sie nach Österreich. Doch das traute Leben mit der Schwiegermutter will sich nicht so recht einstellen. Virginia denkt an Rückkehr. Als sie jedoch dem einstigen Buchmacherkönig Nat Coiner mit der Veröffentlichung ihrer Memoiren droht, beginnt das Versteckspiel erst richtig. Denn der reist sofort nach Salzburg und sucht nach der naiven Erpresserin. Sie flüchtet in die Hütte von Hans' Bruder am Fuß des Sonntagshorns. Tapfer spielt sie die Eremitin. Doch manchmal kann sie nicht anders und kehrt in den Alpengasthof Heutal ein, genießt den Wein und schwelgt in Erinnerungen.

Heute ist Gabi Willerscheid die Wirtin. Sie hat Virginia Hill zu Ehren eine Fotoserie in »deren« Stube eingerichtet. Wie es sich für eine Mafiabraut gehört, hat Virginia ein milieugerechtes Ende gefunden: Nachdem die alten Mafiabosse Lucky Luciano und Joe Adonis ihre Spur entdeckt hatten, schickten sie Jacky »Two Black Shoes« Tadori. Mit 20 Schlaftabletten in den Tod, durchaus ehrenhaft für die Mafia.

Autor Peter Blaikner hat aus diesem Stoff ein packendes Theaterstück gestaltet.

Adresse Gföll 91, 5091 Unken-Heutal | **Anfahrt** vom Ortszentrum Unken über die Heutaler Landesstraße ins Heutal | **Öffnungszeiten** Mo–So 8–24 Uhr | **Tipp** Wenige hundert Meter nördlich vom Alpengasthof warten mit dem Fischbachfall und dem Staubfall zwei besondere Naturschönheiten – es muss ja nicht immer ein Kriminalfall sein, der einen in seinen Bann zieht.

20 Die Golden Gate Bridge

Fast so hoch, dass Kühe wie Ameisen wirken

Man muss gar nicht selbst zittern, wenn man die Golden Gate Brücke überquert. Dafür sorgt schon die 200 Meter lange, sanft schwingende Fußgängerbrücke, die längste Hängebrücke der Alpen. Wie ihr markantes Vorbild in San Francisco leuchten ihre roten Pfeiler und fallen inmitten des Grüns sofort auf. »Durch die Geländebeschaffenheit haben wir uns die Golden Gate als Vorbild genommen. Die Brücke geht leicht bergauf und fügt sich ideal in die Landschaft ein«, ist Projektleiter Reinhold Bauböck von der 74 Tonnen schweren Stahlbrücke begeistert. Bis zu 42 Meter beträgt deren Abstand zum Boden.

Die Brücke führt direkt zum gut 600 Meter langen Baumzipfelweg, dem höchstgelegenen Wanderweg entlang von Baumwipfeln in Europa, der im Talschluss auf 1.300 Meter Meereshöhe liegt. Wer am lehrreichen Baumzipfelweg aus Lärchenholz zwischen den Baumspitzen herumspaziert, ist sogar noch gut 30 Meter höher. Man erfährt dort etwas über die Tiere, denen die Bäume ein Zuhause bieten, und das Wechselspiel von Fauna und Flora. Da der Weg auch wieder hinabgeht, marschiert man quasi von der Baumspitze bis zum Stamm.

Wer sich mit solchen Naturstudien nicht begnügen will, dem bieten die Seilrutschen dazwischen genug Spielraum fürs Schwitzen. Seilrutschen werden auch als »Flying Foxes« – benannt nach einer Fledermausart – bezeichnet. Wahrscheinlich ist mancher etwas blutleer nach einem Flug von Baum zu Baum. In Österreich sagt man auch häufig »Guerillarutsche«. Der Commandante auf der Seilwinde kann sich danach ein Schnapserl gönnen. Für die Kinder warten legendäre »Kracherl« und andere Erfrischungsgetränke. Obwohl alles äußerst spektakulär aussieht, ist die Anlage sicher und kindgerecht. Die Baumzipfelwanderer sind leicht erkennbar: Sie tragen eine grasgrüne Zipfelmütze, die sie beim Eingang erhalten. Jedenfalls die wirklich Mutigen unter ihnen.

Adresse Glemmtaler Baumzipfelweg, Talschlussweg 367, 5754 Hinterglemm | **Anfahrt** mautfreie Anreise über Saalbach-Hinterglemm, durch den Tunnel in Hinterglemm rund 7 Kilometer bis zum Talschluss, mit dem Talschlusszug direkt zur Golden Gate Bridge | **Öffnungszeiten** ganzjährig, täglich 9.30 – 21 Uhr | **Tipp** Im Schnitza's Holzpark nebenan können Kinder und Jugendliche sich im Schnitzen ausprobieren.

21 Die Murmeltierkolonie

Wer Glück hat, dem fressen sie aus der Hand

Lange bevor die Kelten begannen, Schächte anzulegen und Berge auszuhöhlen, legten die Murmeltiere schon unterirdische Gänge an. Man sieht sie jedoch kaum, weil sie entweder am Wühlen sind oder gut sechs Monate im Jahr Winterschlaf halten. Täglich grüßt das Murmeltier bestenfalls seine Artgenossen. Deshalb spricht man auch von einer »Kolonie«, wenn zumeist ein Alphapaar – das Männchen gelegentlich als »Bär« und das Weibchen als »Katze« bezeichnet – mit Jungtieren gemeinsam lebt.

Eine gute Chance, die Tiere aus der Nähe zu betrachten, bietet das Hinterthal. Hier sind sie auch zutraulicher, vor allem wenn man beispielsweise Wegerichkraut anzubieten hat. Am familientauglichen Willi-Schwaiger-Weg begegnet man dem sogenannten Eiszeitrelikt öfters. Das Murmeltier oder Manggei/Mankei, wie man im Pinzgau sagt, gehört zu den wenigen Tieren, die ursprünglich aus arktischen Regionen stammen. Das Alpenmurmeltier ist eine Erdhörnchen-Art von vielen, die über die nördliche Hemisphäre verteilt leben.

Dass diese Spezies überdauert hat, ist auch ihrem Warnsignal geschuldet. Wer das schon einmal gehört hat, fragt sich, ob da ein Schiedsrichter einen Elfer pfeift, denn der manchmal sehr schrille Warnton ähnelt dem einer Trillerpfeife. Zuweilen hilft das Pfeifen leider gar nichts. Immer noch ist der Mensch ein größerer Feind als etwa der Adler. Das Fleisch der Murmeltiere gilt mancherorts als Delikatesse, und der Murmeltiersalbe werden Wundertaten nachgesagt. Das Murmeltier selbst würde bestimmt für Kräuter wie Ringelblume, Giersch, Löwenzahn oder Arnika plädieren, die alle im Pinzgau vorkommen und ebenso gegen Gelenkschmerzen und Ähnliches helfen.

Deshalb steckt die »Bergmaus« – vom Lateinischen *mus montis* – oft im Bau. Um sich zu schützen und auch um der Wärme zu entkommen, denn die putzigen Tiere lieben die Kühle. Selbstmurmelnd, sie sind ja ein Eiszeitrelikt.

Adresse Pfarrkirche als Ausgangspunkt, Urslaustraße 27, 5761 Maria Alm-Hinterthal | **Anfahrt** von Maria Alm auf der B164 nach Hinterthal und ins Zentrum, weiter am Enzenalmrundweg | **Öffnungszeiten** Mai–Ende Sept. gute Chance auf Sichtungen | **Tipp** Im Westen des Pinzgaus finden sich die Krimmler Wasserfälle, im Osten »Die Triefen« in Hinterthal. Triefen sind regenartige Tropfenvorhänge. Sie wurden im Jahre 2001 zum Naturdenkmal erklärt.

22 Der Blumengarten

Die Autorin Theresia Oblasser und die Mundart

Dass ein Mensch immer neu zum Schreiben finden kann, zeigt das Beispiel von Theresia Oblasser. Aufgewachsen in den Kriegs- und Nachkriegsjahren, musste sie als Bergbauernkind schon früh hart zupacken. »Reabeidlroa!« ist so ein Pinzgauer Wort aus dem Fundus von Theresia, das gar nicht so leicht zu übersetzen ist. Der Reabeidl ist auch in Bayern als weinerliche Person bekannt, und der Roa(n) ist der Hang. Gemeint sind Tränen und Schweiß aufgrund fordernder Arbeit. Obwohl Theresia schon früh in der Schule für ihre Texte gelobt wurde, kam das engagierte literarische Schreiben erst mit rund 43 Jahren in die Gänge. Überraschenderweise schrieb sie früher immer auf Hochdeutsch und fand erst später zur Mundart.

»bi nit va dao bi va weit hea« heißt der 2011 im Verlag Anton Pustet erschienene Lyrikband. Immer nah am eigenen Leben sind die Impulse für dieses Schreiben, das Suchen nach dem eigenen Ausdruck fürs Ungesagte. Das ist ein Wesensmerkmal, das manchen, der der Mundart gegenüber skeptisch eingestellt sein mag, verblüffen wird: Die Literatur ist keiner Lobrede der Heimat verpflichtet, sondern dem Aufspüren des Wahren.

Da das Wahre oft zum Schönen führt, spielt für Theresia die Pfingstrose eine besondere Rolle in ihrem Blumengarten. »Alle Pflanzen mussten immer einen klaren Nutzen stiften hier am Bauernhof. Die Pfingstrose berührte mich, weil sie einfach zweckfrei schön war«, erinnert sich Theresia. Viele Blumen hat die 1941 Geborene schon beschrieben, aber die »Prongaroos« (Pfingstrose) blieb eine Verehrte, wie sie im gleichnamigen Gedicht schreibt: »Aus deina dronga / Knoschpgmhaut / üwa Nacht / aufgonga / wiagst di auf dein Stingl / prongst in Goschtn / königlich«, heißt es da. Die pralle Knospenhaut öffnet sich in der Nacht und leuchtet königlich im Garten.

Lyrik ist immer ein Vergrößerungsglas, um die Natur so zu sehen, wie sie ist: unerschöpflich.

Adresse Högmoos 14, 5660 Taxenbach-Högmoos | **Anfahrt** auf der B311 bis Högmoos, beim Supermarkt MPreis rechts vorbei, gleich wieder rechts, dann links rauf bis zum Kruzifix, links halten bis zum Straßenende auf rund 1.000 Metern auf dem Kleinsonnberg | **Öffnungszeiten** Anmeldung unter Tel. 0664/3868120 | **Tipp** Die unendliche Weite der Grasberge wartet hinter dem letzten Haus der Kleinsonnbergstraße. Wer hier wandert, ist oft für sich allein – abseits touristischer Pfade.

23_Airbrush im Brandlhof

On the road again mit spritzigen Boliden

Beim Hotel Gut Brandlhof in Saalfelden befindet sich das 2016 eröffnete, markenneutrale »autohaus«, das besondere Gemälde von Knud Tiroch bietet. Der gebürtige Wiener las 1982 einen Airbrush-Artikel in einer Fachzeitschrift und war unmittelbar infiziert. Er wollte diese Technik detailliert studieren und in allen Facetten anwenden. Deshalb packte er seine Koffer und flog ins Airbrush-Mekka. In den Custompaint-Studios in Chicago verfeinerte er seine Kenntnisse. Dazu zählten Großkulissentechnik, Graffitimalerei und diverse Avantgarde-Verfahren.

Genau diese Feinheiten lassen sich an den zwei monumentalen Bildern im »autohaus« bewundern. Mit dem Flair der 50er Jahre und der Kulisse der Alpen entsteht ein Panorama von Weite und Abenteuer. Tiroch nennt sein Verfahren G-Rave. Er verbindet dabei Airbrush, Spachtel und Pinsel. So imaginiert er jene Beschleunigung, die ideal zu den Boliden passt.

Die Familie Strobl-Maier ist nicht nur Eigentümer des Hotels Gut Brandlhof und leitet dieses seit Jahren mit Leidenschaft, sie brennt auch für PS-starke Untersätze. Alexander Strobl und Birgit Maier teilen mit Knud Tiroch zudem die Begeisterung für die legendären Muscle Cars. Mittlerweile hat Tiroch schon für viele Celebrities den Lack verfeinert und deren Autos in fahrende Kunstwerke verwandelt.

Dabei erlebt der Künstler noch immer den gleichen Enthusiasmus wie beim ersten Schuss: »Mit der Spritzpistole zu arbeiten füllt einen völlig aus. Es ist eher ein Lifestyle als ein bloßer Job und nimmt mein Alltagsleben ganz in Beschlag.« Sogar Schwarzenegger ist Tiroch-Fan und hat ein Bild von ihm zu Hause.

Wer sehen will, wie ruhig andere Motive wirken, der muss schon ein paar Nächte im Brandlhof verbringen. Im Wellness-Areal wartet eine orange-türkis leuchtende Ornamentik, die das Gemüt erhellt und Kraft tanken lässt für die nächste Spritztour … ob mit Pistole oder PS.

Adresse Hohlwegen 4, 5760 Saalfelden am Steinernen Meer-Hohlwegen | **Anfahrt** auf der B311 ziemlich genau in der Mitte zwischen Saalfelden und Weißbach bei Lofer | **Öffnungszeiten** ganzjährig, »autohaus« auch als Eventlocation zu mieten, Tel. 06582/78000 | **Tipp** Rund 1,5 Kilometer Richtung Saalfelden findet man den Stoissengraben, einen wunderbaren Wanderweg mit einem Wasserfall als großem Finale.

24 Der Kräutergarten

Wenn der Diptam Versöhnung stiftet

Man mag kaum glauben, dass der Stinkende Storchschnabel das Kraut des ersten Bischofs von Salzburg ist. Das Ruprechtskraut trägt viele Namen. Dass es nach dem Schutzpatron des Landes benannt ist, hat mit seiner Wirkung zu tun. »Wenn etwas in Ordnung gebracht werden muss, hilft das Ruprechtskraut«, erklärt Andrea Rieder, die den Kräutergarten mit ihrem Team seit Jahren führt. Auch bei unerfülltem Kinderwunsch soll der Storchschnabel förderlich sein.

Die rund 500 Pflanzen haben viele Wirkungen, doch wie jemand individuell auf die Einnahme reagiert, überrascht manchmal. Fast alle Pflanzen sind winterhart, nur nicht Rosmarin und Zitronenverbene. Die Verbene beweist die Verbundenheit mit Frankreich, schließlich entstand der Kräutergarten 1986 in Kooperation mit La Gacilly für den Konzern Yves Rocher.

Seit 2008 steht er allen offen. Ob Wasser, Wiese oder Berge – die Kräuter sind in Gruppen angeordnet, so wie es ihren vorherrschenden Lebensräumen entspricht. Nur der Quendel, der Wilde Thymian, ist vom Tal bis hinauf in die Tauern überall zu finden. Die Sammlung »Kräutermond« ist für Giftmischer aufschlussreich, hier wirken alle Pflanzen tödlich. Eine Rarität ist die erste Apfelhecke des Pinzgaus aus Knipbäumen. »Ich wünsche mir, dass die Kinder die Äpfel von den Bäumen pflücken und reinbeißen«, offenbart Andrea. Vergessen ist oft das Einfache. Viel über die Wechselwirkung zwischen Pflanze und Ressourceneinsatz zeigt der »ökologische Fußabdruck«, ein Labyrinth in Fußform, aus welchem wir alle herausfinden müssen.

Die Pflanzen erzählen starke Geschichten. Vor vielen Jahren brachte eine polnische Zwangsarbeiterin eine Diptampflanze nach Bramberg. Loisi Innerhofer, mit der sie Freundschaft geschlossen hatte, setzte die Pflanze in ihren Garten. Der biblische Ölbaum im Pinzgauer Kräutergarten heilt nicht nur Krankheiten, sondern manchmal auch Wunden der Vergangenheit.

Adresse Hollersbacher Kräutergarten und Bienenlehrpfad, 5731 Hollersbach | **Anfahrt** gegenüber der Kirche im Ortszentrum, hinter dem Klausnerhaus | **Öffnungszeiten** immer zugänglich, Führung nach Anmeldung bei Andrea Rieder unter Tel. 0664/2066477 | **Tipp** Das Klausnerhaus ist ein typisches Pinzgauer Bauernhaus, das viel über den Holunder, den Namensgeber des Ortes, erzählt.

25 Das Hundstoa-Ranggeln

Wie antikes Brauchtum Jahrhunderte überdauert

Das germanische Wort »haga« bedeutet so viel wie Umzäunung. Eine solche schafft einen Schutzraum. In Pflanzennamen wie Hagerose (Hundsrose) findet sich diese Bedeutung heute noch, denn diese Hecken dienen dazu, ein Terrain abzugrenzen. Ein »Hågmoar« ist damit ein Schutzmeister. Alljährlich wird auf dem Hundstein – dem höchsten Berg der Salzburger Schieferalpen – beim Jakobi-Ranggeln um den 25. Juli der Hågmoar gekürt. Der Sieger ist somit auch für den Schutz anderer verantwortlich. Günther Heim war lange Zeit der jüngste Sieger, bis er 1983 vom damals 17-jährigen Wolfgang Schranz abgelöst wurde. Heute ist Heim Ehrenpräsident des Rangglerverbandes und hat in seinem im Tauriska Verlag erschienenen Buch »Hundstoa Ranggeln. Mythos, Kult, Tradition« viele denkwürdige Ereignisse festgehalten.

Wie das Ranggeln aus dem Jahr 1984, das buchstäblich im Regen unterging, weil die beiden Finalisten im »Gatsch« vor lauter nassen Kleidern und feuchten Hände weder stehen noch zupacken konnten. Umfassend beschrieb die bekannte Volkskundlerin Ilka Peter das Ranggeln, dem ein Initiationsritual zugrunde liegt. Der Schritt vom jungen Menschen zum Erwachsenen soll damit symbolisiert werden. Es überrascht nicht, dass diese Tradition schon in vielen frühen Kulturen praktiziert wurde. Funde deuten darauf hin, dass auch bei den Kelten das Ranggeln einen fixen Platz im Jahresablauf einnahm, zum Beispiel eine im Naturhistorischen Museum in Wien ausgestellte, etwa 2.400 Jahre alte Schwertscheide aus einem Hallstatt-Grab. Hier sind an der Spitze miteinander ringende Personen abgebildet. Auch bei den Ambisonten im Pinzgau gehörte das sportliche Kräftemessen um die heiligen Stätten am Hundstein und an anderen Plätzen zum selbstverständlichen Jahresablauf und verlor seine Bedeutung bis in unsere Gegenwart nicht. Mittlerweile zählt das Hundstoa-Ranggeln zum immateriellen Kulturerbe der UNESCO.

Adresse Aberg 31, 5761 Hundstein-Maria Alm | Anfahrt Hundstein von Taxenbach, Bruck, Thumersbach, Maishofen und Maria Alm in wenigen Stunden zu besteigen, Naturarena fürs Ranggeln neben dem Statzerhaus | Öffnungszeiten Statzerhaus: Pfingsten – Mitte Okt. täglich, Jakobi-Ranggeln immer am So nach dem 25. Juli | Tipp Auf dem Weg ins Tal nach Thumersbach lockt der Mitterberghof. Dort ist der klassische Zell-am-See-Blick möglich, der so viele Postkarten ziert.

26 Die Löwenmadonna

Vom Standesbeamten zum versierten Kunstsammler

Die Pflege des Brauchtums ist nicht nur Volkskundlern vorbehalten. Ein leuchtendes Beispiel für einen Autodidakten ist Hermann Mayrhofer. Einst sorgte der pensionierte Standesbeamte dafür, dass Liebende einander das Jawort gaben. Zusammenzubringen, was zusammengehört – dieses Motto nährte über Jahrzehnte auch seine Sammelleidenschaft. Es brach ihm das Herz, als 1982 ein Bild der Leoganger Kirche an ein Museum in Ulm versteigert wurde. Heilsam für sein verletztes Herz war der Rückkauf. So begann die Jahrzehnte währende Suche nach Kulturgütern, um sie an ihren Ursprungsort zurückzubringen.

2019 schließlich wurde die Ausstellungsfläche des Museums im sanierten Thurnhaus auf etwa 1.000 Quadratmeter verdoppelt. Einer der Höhepunkte ist die Mariensammlung. Darunter ein rares Exemplar einer Löwenmadonna, welches die Gottesmutter auf einem Löwen darstellt. Oder die sogenannte »Schöne Madonna« mit ihrer fast schon kecken Körperhaltung. Dass diese grazilen Damen aus Holz in Leogang sesshaft sind, ist der Vernetzung von Mayrhofer und seinem Team sowie der unermüdlichen Spendentätigkeit geschuldet.

Heute zeigt das Museum, wie leicht sich die Tradition in die Gegenwart holen lässt, demonstriert doch die Lehrstube im Museum mittelalterliche Schnitztechnik, die seinerzeitige Herstellung natürlicher Farben sowie die Kolorierung von Skulpturen. Auch Kurioses bildet: Der sogenannte »Suppenbrunzer« sammelt den durch heiße Speisen wie Suppen aufsteigenden Dampf. Durch Kondensation tropft dieser wieder zurück in die Suppenschüssel. Im Volksglauben hat damit der Heilige Geist in die »Suppn brunzt« und sie so gesegnet.

Wie bunt das Mittelalter sein konnte, beweist etwa der 1502 entstandene Altarschrein »Anbetung der Könige« von Erasmus Graser – ein verspieltes Ensemble charismatischer Figürchen. Kachelöfen mit aufwändigem Dekor und vieles mehr sorgen für bleibendes Staunen.

Adresse Gotikmuseum Leogang, Hütten 10, 5771 Leogang-Hütten | Anfahrt von Saalfelden auf der B164, der Hochkönigstraße, bis Leogang | Öffnungszeiten Mai–Okt. täglich außer Mo 10–17 Uhr, Anfang Dez.–23. Dez. und Mitte Jänner–Ende März Mi, Do 13–17 Uhr | Tipp Gegenüber liegt die St.-Anna-Kapelle. Deren Altar zeigt einen Heiligenhimmel mit wichtigen Bergbauheiligen, die in profanen Szenen des örtlichen Bergbaus zu sehen sind. Europaweit gibt es noch maximal fünf derartige Altäre.

27 Die Preziosen aus Limoges

Über die Grubenschmelztechnik im Bergbaumuseum

Wer den Bergbau für eine Angelegenheit grobschlächtiger Männer hält, wird im Bergbaumuseum Leogang eines Besseren belehrt. Vor fast 3.000 Jahren wollten die Kelten dem Berg Salz abringen. Mit dem Berg »auf Du und Du« kam man dann so richtig ab dem Mittelalter. Das Bergbaumuseum befindet sich im 1593 errichteten Gewerkenhaus. »Gewerken« hießen früher die Eigentümer des Bergwerks. Dass diese ob der vielen wertvollen Metalle, allen voran die berühmten Salzburger Silbermünzen, rasch reich wurden, ist verständlich. Dies führte zum Erwerb kostbarer Schmiedearbeiten. Beschläge, Türklopfer und Schlösser aus Eisen demonstrieren, dass der mittelalterliche Alltag kunstvoller war, als man annimmt. Richtig filigran muten die Preziosen aus Limoges an. Bei einer aus dem Fernen Osten stammenden und in Frankreich verfeinerten Grubenschmelztechnik werden Edelmetallplatten auf gleicher Höhe verlötet und schaffen so eine Email-Ornamentik in fein ziselierter Ästhetik.

Ein besonderes Exponat sind die »Zwölf Bücher vom Berg- und Hüttenwesen« (»De re metallica libri XII«) von Georgius Agricola, dessen Name auf Deutsch Georg Bauer lautet. Hier vereint sich das bergbauliche Wissen seiner Zeit. Immerhin 70 verschiedene Mineralien beherbergt das Museum. Aufschlussreich ist der Weg durch den etwa einen Kilometer langen Stollen, der die Atmosphäre des rauen Bergbaus von damals nachempfinden lässt. Aus diesen hochwertigen Schätzen des Berges Nützliches und Dauerhaftes zu schmelzen ist eine subtile Kunst, die auch heute noch von Generation zu Generation weitergegeben wird. Wie sehr das Alltagsleben mit der christlichen Religion verbunden war, zeigen die Bergbauheiligen. Eine ganze Schar – von Barbara bis Sebastian – sollte für den guten Geist »unter Tage« sorgen. Manch guter Geist hilft dem Museum zu wachsen: 2019 entdeckte Christian Jirkal eine Wurfaxt aus dem Mittelalter und spendete sie dem Museum.

Adresse Bergbaumuseum Leogang, Hütten 10, 5771 Leogang-Hütten | Anfahrt von Saalfelden auf der B164, der Hochkönigstraße, bis Leogang | Öffnungszeiten Mai–Okt. täglich außer Mo 10–17 Uhr, Anfang Dez.–23. Dez. und Mitte Jänner–Ende März Mi, Do 13–17 Uhr | Tipp Wenige Schritte vom Museum entfernt findet man eine spätmittelalterliche Schmiede, die im Sommer jeden Mittwoch in Betrieb ist. Sechs gelernte Schmiede erzählen hier vom fast vergessenen Handwerk und den dabei eingesetzten Werkzeugen.

28 Die Burg Kaprun

Das erste Hochhaus des Pinzgaus

Der siebenstöckige, südlich gelegene Turm der Burg Kaprun kann getrost als erstes Hochhaus des Pinzgaus bezeichnet werden. Als strategisch wichtige Wehranlage reichen seine Ursprünge bis in das 12. Jahrhundert zurück. Klanghafte Adelsgeschlechter wie die Walcher und Felber teilten sich die Eigentümerschaft, bis er 1480 in erzbischöflichen Besitz kam. Als wichtige Mautstelle erzielte die Burg beträchtliche Profite. Als letzter Gerichtspfleger diente Caspar Vogl. Obwohl er in seinen 40 Jahren als Beamter des Landesfürsten treue Arbeit leistete, bietet sein Ende reichlich Filmstoff.

Als erzbischöfliche Kommissäre die Güter der Untertanen schätzten und daraufhin höhere Abgaben verlangten, setzten die Bauern eine Bittschrift auf, welche die Erhöhung der Steuern verhindern sollte. Caspar Vogl wusste davon. Er war beiden verbunden: seinen Pinzgauer Mitmenschen, denn der Wirtssohn war schließlich einer von ihnen, und seinem Erzbischof Wolf Dietrich von Raitenau. Deshalb fühlte er sich schuldlos.

Doch allein sein Schweigen führte zu seiner Inhaftierung, gefolgt von einer peinlichen Untersuchung. Die Brutalität dieser Folterungen ist bekannt, weil Vogl Tagebuch führte und dabei Schändungen detailgetreu festhielt. Unter dem Schmerz gestand Vogl, Kenntnis der Bittschrift zu haben. Das genügte, um seine Hinrichtung am 8. November 1606 um 8 Uhr morgens auf dem Mönchsberg zu rechtfertigen. Man mutmaßt, dass Wolf Dietrich bis zu seinem Tod von Gewissensbissen geplagt war. Die Erzbischöfe waren jedoch nach dem Aufstand von 1526 äußerst empfindlich, wenn Bauern Unmut bekundeten.

Im Burghof liegen einige imposante Katapultkugeln. Wissenschaftlicher Expertise zufolge wurden diese nie im Kampf eingesetzt. Vielleicht handelt es sich um ein Relikt eines mittelalterlich-neuzeitlichen Wettrüstens, das vor allem dazu diente, eine starke Hand zu zeigen – wie der Justizmord an Caspar Vogl.

Adresse Schlossstraße 55, 5710 Kaprun | Anfahrt von Schüttdorf auf der Kaprunerstraße in die Schlossstraße bis zum Burgvorplatz | Öffnungszeiten Mo–Fr 8–18 Uhr, Führungen nach Vereinbarung mit Misha Hollaus unter Tel. 0676/5653012 | Tipp Von der mittelalterlichen Burg zum zeitgemäßen Tempel der Sportbekleidung: Der Bründl Sports Flagshipstore im Zentrum – vom Architekturbüro Blocher Partners konzipiert – imitiert auf kongeniale Weise das Panorama der Hohen Tauern.

29 Die Gedenkstätte

155 Menschen starben am 11.11.2000

Die Tauern haben in ihrer Geschichte viele Opfer gefordert. Doch kein Ereignis hat die Weltöffentlichkeit so erschüttert wie die Brandkatastrophe der Standseilbahn. Am 11. November 2000 um 9.02 Uhr verließ die Zuggarnitur »Kitzsteingams« die Talstation mit 162 Menschen. Nur 12 davon überlebten den Brand, der mutmaßlich auf einen ungeeigneten Heizlüfter zurückzuführen ist.

Der Umstand, dass in Summe 155 Menschen den Tod fanden – selbst drei Personen im Alpinzentrum und zwei Passagiere der talwärts fahrenden Garnitur starben aufgrund toxischer Gase –, führte zu einer kontroversen Debatte um die Verschuldensfrage. Allein die durch den Stollen ausgelöste Sogwirkung brachte etlichen den Erstickungstod. Maßgeblich sorgte die verbrannte Kunststoffverkleidung des Zuges für Giftgase. Die 12 Überlebenden bewiesen Geistesgegenwart, weil sie talwärts durch den Brandherd flüchteten.

Langjährige Verfahren endeten mit den Freisprüchen der 16 Angeklagten, denen Fahrlässigkeit vorgeworfen worden war. Die Hinterbliebenen erhielten ein Vergleichsangebot. Zweifellos hatte eine tragische Verkettung der Ursachen zu diesem beispiellosen Unfall in Österreichs Alpenhistorie geführt. Am 11. November 2004 wurde die Gedenkstätte gegenüber der Talstation eingeweiht. Zentral sind die 155 verschiedenfarbigen Glaslamellen, jede davon versehen mit Namen und Geburtsdatum eines Opfers. Die von Anton Michael gestaltete Gedenkstätte ging aus einem Entscheidungsprozess hervor, dem ursprünglich mehr als 20 Ideen zugrunde lagen. Auch Hunderte Hinterbliebene aus 8 Nationen beteiligten sich an der Auswahl.

Nicht einmal 30 Jahre vor dem Unglück war der Stollen für die Standseilbahn entstanden. Damals hatte die Bohrmaschine für Aufsehen gesorgt, da sie auf ihrem 3.296 Meter langen Weg in Summe 37.300 Quadratmeter Abraum aus dem Berg schaffte. So nah liegen Triumph und Tragödie durch Technik beieinander.

Adresse Kesselfallstraße 85, 5710 Kaprun | Anfahrt Kesselfallstraße, Verlängerung der Umfahrungsstraße | Tipp Hinter der Gedenkstätte beginnt der Wanderweg Nummer 724, der in circa fünf Stunden zur Gleiwitzer Hütte führt – ein idealer Ausgangspunkt fürs Bergsteigen.

30 Die Gipfelbahn

Einst die höchste Seilbahnstütze der Welt

Viele Pinzgauer haben das Land verlassen, um berühmt zu werden. Manche jedoch sind in den Pinzgau gekommen, um Karriere zu machen. Einer von ihnen ist Wilhelm Fazokas. Der gebürtige Wiener und spätere Bürgermeister von Kaprun war der Treiber bei der Errichtung der ersten Seilbahn auf das 3.203 Meter hohe Kitzsteinhorn. Auf dem Schmiedingerkees waren schon 1915 Soldaten Ski gefahren, eine militärische Neuheit, die der Erste Weltkrieg mit sich gebracht hatte.

Der Wintersport entwickelte sich nach dem Zweiten Weltkrieg rasant. Ohne die amerikanische Wirtschaftshilfe in Form des berühmten Marshallplans wäre die Errichtung der 1965 eröffneten Seilbahn auf das Kitzsteinhorn nicht möglich gewesen. Einen besonderen Blickfang bietet die Stütze 7 der Gipfelbahn, die 1966 in Betrieb genommen wurde. Die Ingenieure, die in sauerstoffarmer Höhe – oft stürmischen Verhältnissen und Minusgraden standhaltend – den Bau vorantrieben, verdienen lobende Erwähnung: So sind die Tauernkraftwerke-Techniker Glaser oder Schnelle genauso wie der Seilbahntechniker Preuer von Waagner-Biro oder die Elektrotechniker der ELIN GmbH Pitsch und Gabriel die heimlichen Helden dieser Pioniertaten.

Die Stütze 7 befindet sich auf 2.563 Meter Seehöhe. In Betrieb genommen, maß sie 104 Meter, und anlässlich eines Umbaus verlängerte man sie auf 113,5 Meter. Damals war das Weltrekord. Zurate gezogen wurde Glaziologe Heinz Slupetzky. Es galt, den verlässlichsten Ort für die Stütze zu finden. Schließlich muss sie bis zu 200 Kilometer pro Stunde an Windstärke widerstehen. Auch das Wachsen der Eis- und Schneemenge könnte ihre Statik gefährden. 1964 fehlten einer gleitenden Eiswelle vom Magnetköpfl mit 15 Meter Höhe nur mehr 125 Meter, bis sie den Standort der Stütze erreicht hätte. Doch der Glaziologe sollte recht behalten. Die Klimaerwärmung ist praktisch ein Freund der Stütze 7. So bleibt sie von anrollendem Eis verschont.

Adresse Kitzsteinhornplatz 1a und Kesselfallstraße 60, 5710 Kaprun | **Anfahrt** Kaprunerstraße am Anfang des Ortes nehmen, dann mit der MK Maiskogelbahn und per »3K K-onnection« hinauf | **Öffnungszeiten** ganzjährig, genaue Infos unter www.kitzsteinhorn.at | **Tipp** Vom Alpincenter aus können erprobte Wanderer auf dem Alexander-Enzinger-Weg einen hinreißenden Höhenweg bis zum Maiskogel begehen.

31 Die Heidnische Kirche

In Erinnerung an die Opfer des Kraftwerksbaus

Wer die Lampe anknipst, fragt meist nicht, welchen Weg der Strom hinter sich hat, bis er Licht spendet. Das Kraftwerk Kaprun ist ein technisches Wahrzeichen Österreichs. Erste Pläne gab es in den 1920er Jahren. Die Nationalsozialisten griffen diese auf. Trotz des Einsatzes von bis zu 4.000 Kriegsgefangenen und mehr als 6.300 Zwangsarbeitern misslang die Errichtung zwischen 1939 und 1945. Erst der Marshallplan versprach Erfolg. Sogar der im Dezember 2021 verstorbene Volksmusiker Sepp Forcher arbeitete hier – er verdiente damals 1.000 Schilling im Monat, das Dreifache des üblichen Monatslohns. Beide Bauphasen brachten vielen den Tod. Erst 1998 hat eine Kommission die Bauvorgänge während der NS-Zeit aufgearbeitet. An exponierter Stelle erinnert eine Tafel an über 120 verstorbene Zwangsarbeiter.

Das Ende der letzten Eiszeit hinterließ einen Monolithen. Um diesen entstand zwischen 1959 und 1960 nach einem Entwurf von Josef Magnus ein Denkmal für die 161 Opfer der zweiten Bauphase. Mehr als 40 Jahre später erweiterte man das Denkmal und bezog die NS-Zeit mit ein. Ausführlich aufbereitet ist diese Epoche in Rudi Leos Buch »Pinzgau unter dem Hakenkreuz«.

Die sogenannte »Heidnische Kirche« schafft einen historischen Echoraum. Eine kaum sichtbare Inschrift verweist auf das Jahr 1557 – schon in früheren Jahrhunderten fanden hier spirituelle Feierlichkeiten statt. Beharrlich hielt sich die Geschichte vom »Schliefstein« über Generationen. Guide Thomas Krautgasser labt Wissensdurstige und prophezeit: »Jeder, der sich durch den schmalen Spalt im Stein wagt, kommt mit einem Lächeln heraus.« Der Legende nach soll dieses Wagnis von Sünden und Krankheiten befreien. Thomas interpretiert das Denkmal je nach Perspektive unterschiedlich: »Einmal ist es die Schutzpatronin Barbara, einmal eine Gottesanbeterin, und einmal erkenne ich einen Pfeil, der vielleicht als Symbol für den Wiederaufschwung zu verstehen ist.«

Adresse Kesselfallstraße 98, 5710 Kaprun | **Anfahrt** auf der Umfahrungsstraße aus Kaprun bis zur Kesselfallstraße | **Öffnungszeiten** Mitte Mai–Okt. | **Tipp** Die »Erlebniswelt Strom« am Ende der Moosersperre erzählt mehr über die Geschichte des Baus und die technischen Qualitäten der Energiegewinnung dank Wasserkraft.

32 Die Hexe aus Stein

Wenn das Gestein mit der Phantasie spielt

Sigmund Ignaz Graf von Thun und Hohenstein war der Namensspender für die Sigmund-Thun-Klamm in Kaprun. Der Adelige war im 19. Jahrhundert Salzburger Landespräsident und maßgeblich für die Regulierung der Salzach und die Modernisierung des Verkehrs verantwortlich. Kurz vor seinem Tod begann 1893 die Erschließung des felsigen Naturdenkmals mit einer Holzsteganlage nach den Plänen des Tourismus-Pioniers Nikolaus Gaßner. Damals wurde die Klamm noch »Krapfkessel« genannt. Tatsächlich fühlt sich der Weg durch die enge Schlucht manchmal so an, als würde man in einem Kessel stecken. Das tosende Wasser spritzt einem ins Gesicht, und an manchen Stellen ist eine Überdachung nötig, damit die Dusche möglichst bescheiden ausfällt.

Vor 14.000 Jahren begann der abschmelzende Gletscher eine Ache zu schaffen. Unaufhörlich höhlt das Wasser den Berg aus. Es braucht auch seine Zeit, um den harten Kalkstein des Mais- und Bürgkogels abzutragen.

Man würde gern die Namen jener kennen, die tapfer und ausdauernd die vielen Holzstiegen errichtet haben. Akrobatisch müssen sich die Arbeiter bewegt haben, um den soliden Untergrund zu schaffen, der das bequeme Durchgehen erlaubt. Obwohl nur etwas mehr als 300 Meter lang, ist viel Holz unter den Füßen nötig, um durchzugehen.

Kurz vor dem Ausgang spielt einem die Natur gleich zweimal einen Streich. Man blickt vielleicht gedankenlos auf die imposanten Feldwände, die links und rechts in die Höhe schnellen. Dann hält man abrupt inne. Wer schaut einen denn da mit markantem Kinn an? Im Dunkeln meint man oft, man würde unheimliche Gesichter sehen. Hier jedoch ist es das Licht, welches Gespenster schafft. Im Sonnenschein strahlt einen das auffällige Profil dieser Hexe an. Wie viele Sagen hat die Dame aus Stein wohl schon angeregt? Und der zweite Streich? Den muss man selbst entdecken, bevor man am Ende der Klamm den anmutig leuchtenden Klammsee erreicht.

Adresse Krafthausstraße 22, 5710 Kaprun | **Anfahrt** auf der Umfahrungsstraße aus Kaprun bis zur Kesselfallstraße, Parkplatz beim Klammweg; alternativ mit dem Bus 660 von Zell am See | **Öffnungszeiten** Mai–Okt. | **Tipp** Das im Kern 400 Jahre alte Steinerbauernhaus auf dem Kirchbichl beherbergt heute das Kaprun Museum mit vielen traditionellen Alltagsgegenständen.

33 Der Hintern des Autors

Die wundersame Werkstatt des Anton Thuswaldner

In Kaprun hatte über viele Jahrzehnte Anton Thuswaldner sein Atelier. Der produktive Künstler eckte mit seiner Polemik oft an. So umhüllte er im Mozart-Gedenkjahr 1991 anlässlich des 200. Todestages des Musikgenies das von Ludwig von Schwanthaler entworfene Mozart-Denkmal in der Salzburger Altstadt mit Unmengen von Einkaufswagen. Die Kommerzialisierung des Lebens und die Anprangerung des Warenfetischs bildeten wiederholt die ideelle Stoßrichtung seiner Objekte und Installationen. Von der Zeichnung über Holzbearbeitung bis hin zu schwerem Serpentin – vielen Techniken und Materialien begegnete Thuswaldner mit kreativer Hingabe. Eine besonders obsessive Phase widmete sich der Zahlensymbolik. Viele Objekte aus Stein weisen Zahlen in vollkommen unterschiedlichen Anordnungen auf. Manchmal treten die Zahlen als Relief hervor, manchmal sind sie tief in den Stein eingraviert. Auch mit diesen Arbeiten brachte Thuswaldner das bürgerliche Blut in Wallung. Wieder ertönte in Salzburg ein Aufschrei. Ausgerechnet Kinder dechiffrierten den Code. Sie hatten bestimmt ihren Spaß, als sie bei einem Objekt das Wort »Arschlöcher« hinter den Zahlen erkannten. Denn die Zahlen waren Platzhalter: 1 stand für den Buchstaben A, und so ging es weiter im Alphabet.

Das Faible für den Körper drückt sich auch im rechts abgebildeten Objekt aus. Es ist die Skulptur eines anmutigen Hinterns. Wem mag dieser Po wohl gehören? Anlässlich einer Lesung von O. P. Zier beim Steinerwirt in Zell am See überreichte man ihm sein Gesäß in Granitform. Man sagt, dass es viel Sitzfleisch brauche, um Romane zu schreiben. Manchmal würden die Autorenpos hart wie Stein. Ein weiterer Clou dieser Skulptur – sie heißt wie der Schriftsteller, liest man seinen Namen von hinte(r)n: Reizpo!

Tochter Edith Defant-Thuswaldner betreut die Wirkungsstätte ihres Vaters und sorgt dafür, dass diese Kunst weiter mit den Menschen kommuniziert.

Adresse Klammweg 1, 5710 Kaprun | **Anfahrt** auf der Umfahrungsstraße aus Kaprun bis zur Kesselfallstraße | **Öffnungszeiten** stets zugänglich | **Tipp** Der imposanteste Kunstgegenstand auf dem Areal ist eine quadratische Stele, die monumental im Gras steht. Als eines der wenigen Objekte ist sie mit einer Jahreszahl versehen – 2011. Eines der letzten monumentalen Gebilde, die Thuswaldner geschaffen hat. Was ist dort zu lesen?

34 Die Nationalpark Gallery

Was flüstert das Grammofon?

Drei Lifte braucht es, um zur 3.029 Meter hohen Plattform »Top of Salzburg« zu gelangen. Der Schmiedingerkees beim »Kitz« ist immer noch ein vorzügliches Gletscherskigebiet – solange sich das Eis gegen den Klimawandel zu wehren weiß. Die Herkunft des Wortes »Kees« ist nicht ganz geklärt. Vermutlich leitet es sich vom althochdeutschen *chēs* ab, was Frost oder Eis bedeutet.

Ein 360 Meter langer Stollen diente früher nur Skifahrern. Seit 2010 führt ein Gang mit magisch blauem Licht, gehüllt in eine atmosphärische Klanginstallation, in die »Nationalpark Gallery«. Dann verschluckt einen der Berg förmlich. In Felsnischen erfährt man viel über Kristallvorkommen, Gold- und Silberabbau oder die Entstehung des Kitzsteinhorns. Bis zu 30 Meter tief wird die Bodentemperatur gemessen, um den Permafrost zu kontrollieren. Bei Erwärmung drohen Felsabbrüche und kommt es auch vermehrt zu Muren. Das Eis hält bis jetzt die Berge zusammen. Im »Glückauf-Hanna-Stollen« ist es jedenfalls noch kalt genug. Eine spannende Installation sind drei Globen, welche die Oberfläche der Erde in geologischen Zeitabständen darstellen.

Ein Puzzle lässt Kontinentalplatten in Zeitlupe zusammenstoßen. Einst waren sie im Urkontinent Pangaea vereint, dann trennten sie sich. Heute migriert Afrika wieder nach Europa – rein geologisch betrachtet. Dadurch falteten sich die Alpen auf. »Wie beim Autodrom«, interpretiert ein kleiner Junge bei der Führung. »Das Kitzsteinhorn hebt sich immer noch, etwa einen Millimeter im Jahr«, erklärt einer der Ranger und verweist auf eine Art Grammofon. Der Berg stöhnt! Tatsächlich dringen Töne aus dem Trichter. Man muss nur darauf achten, möglichst allein zu sein. Vielleicht erzählt er auch von verschollenen Bergsteigern in Felsspalten?

Am Ende des Tunnels wartet die Plattform mit grandioser Aussicht, wodurch man plötzlich mit dem Großglockner auf Augenhöhe ist. Fast!

Adresse Kitzsteinhorn, 5710 Kaprun, www.kitzsteinhorn.at | **Anfahrt** Kaprunerstraße am Anfang des Ortes nehmen, dann mit der MK Maiskogelbahn und per »3K K-onnection« hinauf | **Öffnungszeiten** ganzjährig, Zeiten analog zur Bergbahn | **Tipp** Hoch hinaus wollen manche Regisseure. Im »Cinema 3000« können das auch die Filmfreunde. Zu sehen ist in Österreichs höchstgelegenem Kino etwa der preisgekrönte Film »The Nature« über das Kitzsteinhorn.

35 Der Staumauerklettersteig

Der welthöchste Klettersteig an einer Staumauer

In den Alpen finden sich viele Gelegenheiten zum Klettern. Aber auf eine Staumauer hinaufzuklettern, das ist schon etwas Besonderes. Mit dem MOBO 107 wird die Mauer des Stausees Mooserboden zur sportlichen Herausforderung. Die Abkürzung MOBO für Mooserboden ist für einen Hobby-Sherlock-Holmes leicht entschlüsselt. Die 107 bezieht sich nicht auf den Pulsschlag, denn der wird während des Kletterns spürbar höher sein. So viele Meter ist diese Mauer hoch, sie weist seit 2017 den weltweit höchsten Klettersteig auf einer Staumauer auf.

Bezwungen wird sie dank etwa 150 Klettersteigverankerungen, die durchschnittlich 30 Zentimeter tief im Beton eingeklebt sind, sowie mehr als 500 Klettertritten und -griffen. »Diese sind mit Schrauben fixiert und mit einem Zweikomponentenkleber gesichert«, beruhigt Bergführer Markus Hirnböck, auf dessen Initiative der Klettersteig zurückgeht. Gemeinsam mit den Kollegen Gerhard Angerer und Markus Bründl wurde MOBO 107 binnen zehn Tagen errichtet. Man kann sich gut vorstellen, dass der Transport der Materialien zur Mauer und an ihr hinauf und hinab richtig mühsam war. Als wäre das nicht genug gewesen, erschwerten auch Schneefall und eisige Temperaturen die Montage.

Hätte die Staumauer Empfindungen, wären die montierten Griffe jedoch höchstens Mückenstiche. Die Statik ist keineswegs gefährdet. Das wäre auch seltsam angesichts der Millionen Kubikmeter Wasser, die auf die Mauer drücken. Der Ausblick über beide Speicherseen – den oberen Mooserboden und den unteren Wasserfallboden – ist phänomenal. Zum Start des Klettersteigs bringt einen ein kleiner Flying Fox, und am Ausgang wartet eine Seilbrücke. Mit insgesamt 240 Meter Steiglänge und abgestuften Schwierigkeitsgraden von A bis B/C können Beginner wie versierte Kletterer ihr Höhenglück genießen. »Die Klettertritte halten 1.000 Kilogramm aus«, bekräftigt Hirnböck. »Da kann man sich schon draufstellen.«

Adresse Kesselfallstraße 98, 5710 Kaprun | Anfahrt auf der Kesselfallstraße bis zum Parkplatz Kaprun Stauseen, dann mit Bus und Schrägaufzug weiter, Einstieg zum Klettersteig am Fuß der Mauer, Ausstieg am oberen Ende der Moosersperre bei der Höhenburg | Öffnungszeiten Ende Mai–Mitte Okt. täglich 8.10–16.45 Uhr, letzte Bergfahrt 15.30 Uhr | Tipp In unmittelbarer Nähe befindet sich die Klettersteigarena Höhenburg mit drei unterschiedlich herausfordernden Steigen. In allen Fällen steht ein staatlich geprüfter Bergführer der Alpinskischule zur Verfügung.

36 Das Tauern Spa

Beinahe ein Schiff inmitten des Pinzgaus

Von Sonnenaufgang bis Sonnenuntergang strahlend hell. So präsentiert sich das Tauern Spa. Doch diese Lage ist architektonisch hart erkämpft. Das 2010 eröffnete Leuchtturmprojekt des Pinzgaus ist ein Beispiel für überregionale Kooperation. Die brauchte es auch: Zwar gehört das Spa zur Gemeinde Kaprun, jedoch waren die Gemeinden Bruck, Fusch, Maishofen, Niedernsill, Piesendorf, Saalbach-Hinterglemm, Stuhlfelden, Uttendorf, Viehhofen und Zell am See in Planung und Errichtung involviert. Man kann durchaus behaupten, dass diese Meistermannschaft von elf Gemeinden die Champions League im Bereich Wellness gewonnen hat – zumindest im Salzburger Land. Architekt Udo Schuster war maßgeblich in die Planung miteinbezogen und verrät: »Da floss einst ein Gletscher durch. Das Gelände trägt gar nicht. Das Grundwasser ist zudem nur einen Meter unter der Oberfläche. Wir schütteten zunächst Kies und Erde auf, um das Gelände an den Gebäudedruck zu gewöhnen. Dann haben wir etwa 20 Meter lange Pfähle in das Erdreich versenkt und über der Oberkante verbunden, um eine große Grundfläche zu erzeugen.«

Die von der skyline architekten ZT GmbH entworfene Anlage beruht also auf dem Pfahlbauprinzip, modern interpretiert. Im Schwemmgebiet der Salzach galt es, das Absinken zu verhindern. Hunderte Pfähle wurden in den Boden gerammt. Erst darauf legte man das Fundament. Dieses Miniatur-Amsterdam in den Alpen weist als zweite Raffinesse eine Biogasanlage auf, die den Müll vieler Regionen in wohlige Wärme und ökologisch vorteilhafte Energie verwandelt.

Die dritte Raffinesse ist für Besucher die wichtigste: Die großflächigen Fensterfassaden ermöglichen einen Panoramablick auf das Kitzsteinhorn und seine prächtigen Nachbarn. Auf Hotelgäste wartet ein Becken am Spitz des »Schiffes« – für Herz und Kreislauf sowie zur Anregung des Stoffwechsels könnte es bei diesem Ausblick nichts Besseres geben.

Adresse Tauern Spa Platz 1, 5710 Kaprun, www.tauernspakaprun.com | **Anfahrt** auf der Kaprunerstraße in die Tauern Spa Straße und bis zum Ende fahren; auch mit dem Bus 660 erreichbar | **Öffnungszeiten** ganzjährig, Spa Wasserwelt täglich 9–22 Uhr | **Tipp** Man kann sogar auf dem Tauernradweg zum Spa fahren. Der Radweg führt durch den ganzen Pinzgau und ist wie ein Faden, der alle Orte verbindet.

37 Vötter's Oldtimer-Museum

Im privat aufgebauten Museum warten Schmuckstücke

Helmuth Vötter düst so energisch durch seine Sammlung erlesener Automobile, dass der Gedanke naheliegt: Oldtimer sind einfach Jungbrunnen. Mit bescheidenen Mitteln hat der Autoliebhaber einst angefangen. Jetzt stehen in seinem Museum in Summe um die 200 Exponate, praktisch jedes davon hat er in ausdauernder Detailarbeit glanzvoll restauriert.

Angefangen hat er vor mehr als 30 Jahren mit einer BMW Isetta 300, deren schelmischer Kosename »Schlaglochsuchgerät« einiges über das Fahrgefühl verrät. »Die Isetta war jahrelang in einem Hühnerstall untergestellt. Das Auto hat widerlich gestunken. Aus dem Burgenland habe ich das Prunkstück in der Nacht nach Kaprun geholt«, schildert Helmuth. Rettung aus höchster Not, das trifft auf viele Prachtexemplare zu, die im Keller von Vötter's Hotel präsentiert werden.

Den Schwerpunkt der Sammlung bilden Objekte der 50er bis 70er Jahre. Obwohl ein zentrales Kriterium war, Autos für den einfachen Mann zu zeigen – damals war das Autofahren im Gegensatz zu heute überwiegend Männersache –, finden sich hier Juwelen. Selbstverständlich ein paar schnittige Porsches oder elegante Jaguare. Skurrile Fahrzeuge wie der Zündapp Janus mit Türen vorne und hinten, wo vier Sitze Rücken an Rücken angeordnet sind und sich der Motor in der Mitte des Autos befindet, versprechen einige Aha-Erlebnisse.

Höhepunkte gibt es viele. Doch die Messerschmitt-Serie ist gleich mehrfach zu betonen. Erstens war der eifrige Konstrukteur Fritz Fend ein Freund von Helmuth und der Familie Vötter eng verbunden. Zweitens ist dieses als »Düsenjäger« der Landstraße bekannte Modell mit Spitzen von 150 Kilometern pro Stunde ein erstaunlich flottes Gefährt, und drittens sind die schmalen Autos wahre Kleinodien der Straße. Zusammen etwa mit dem Steyr Cabrio 380, von dem nur sieben Stück weltweit existieren, ermöglicht die Sammlung eine Zeitreise mit gebührender Beschleunigung.

Adresse Schlossstraße 32, 5710 Kaprun | Anfahrt vom Zentrum Kaprun über die Ache auf der Schlossstraße bis zu Vötter's Fahrzeugmuseum | Öffnungszeiten täglich 10–20 Uhr, Führung nach Vereinbarung unter Tel. 06547/71340 | Tipp Oldtimer von Vötter sind auch an anderen Orten zu sehen, etwa in der Ausstellung auf der Kaiser-Franz-Josefs-Höhe.

38 Der Rauriser Urwald

Wo man ausgezeichnet vor sich hin tümpeln kann

Am Ende des Tals, ein gutes Stück von Rauris und seinen magischen alten Häusern entfernt, wartet der Talschluss Kolm Saigurn auf Entdecker. Hier befindet sich auch der Rauriser Urwald. Es ist eine ursprüngliche Landschaft mit rund 80 Moortümpeln. Dort spielt sich wahrlich einiges ab. Wenn die Libellen ihre Flugshows hinlegen, ist viel los im Moos.

Das Moos selbst überrascht durch seinen verwegenen Fortpflanzungszyklus. Die von Wind oder Wasser verbreiteten Sporen des Haarmützenmooses etwa keimen auf feuchtem Boden aus und bilden ein Gewirr von dichten grünen Fäden. Auf diesen entwickeln sich Knospen, die zu Moospflänzchen mit Blättern auswachsen. Einige dieser Pflanzen bekommen an ihrer Spitze rötliche Schalen aus sich verbreiternden Blättern, in denen sich männliche und weibliche Organe befinden. Die männliche Moospflanze entlässt bei feuchter Witterung Keimzellen, die sich in Wassertropfen zu den weiblichen Organen hinbewegen und diese befruchten. Die befruchtete Eizelle wiederum entwickelt einen langen Stiel. Darauf sitzt dann eine Sporenkapsel. Nach Reifung der Sporen geht der Deckel der Sporenkapsel auf, und die Sporen werden verbreitet.

Die Vitalität des Urwalds beeindruckt: Hier finden sich wundersame Insekten, verwachsene Bäume und etliche Pilzkolonien, die modernen Kunstobjekten gleichen. Apropos Pilz: Wer weiß schon, dass eine Flechte eigentlich eine WG ist? Hier leben Pilz und Alge symbiotisch miteinander, der Pilz ist der Körper, in dem sich die Alge gemütlich eingerichtet hat. Besonders häufig sieht man die zitronengelbe Wolfsflechte, deren giftiger Inhaltsstoff früher bei Fuchs- und Wolfsködern eingesetzt wurde, um die Räuber unschädlich zu machen.

Wer will, kann hier sprichwörtlich und wortgetreu im Buch der Natur lesen, denn in dem kleinen Waldmuseum inmitten des Urwalds ist ein überdimensioniertes Buch aufgeblättert, das den Wissenszuwachs symbolisiert.

Adresse Kolmstraße 21, 5661 Rauris-Kolm Saigurn | **Anfahrt** am besten auf der Rauriser Bundesstraße bis zum Parkplatz Lenzanger fahren | **Öffnungszeiten** stets zugänglich, am besten Juni–Okt. | **Tipp** Wer konditionell topfit ist, geht rauf zur Rojacher Hütte – da lassen sich Bergwelt und Gletscher gut bestaunen. Wer noch nicht genug hat, kommt von hier zum Hohen Sonnblick und zur berühmten Wetterstation, mit etwas Glück genießt man im Sommer sogar Plusgrade.

39 Das Tauerngold

Bereit für den Goldrausch?

Im Mittelalter – bevor Hernán Cortés mit der Inbesitznahme des Aztekenreiches und dem Beginn des europäischen Imperialismus für eine beispiellose Gold-Hausse auf dem Markt sorgte – war die Bedeutung des sogenannten Tauerngoldes gewaltig: Bis zu 30 Prozent des kontinentalen Bedarfs stammten aus diesem Teil der Alpen. Neben Heiligenblut und Gastein war insbesondere Rauris für seine ergiebigen Schürforte bekannt. Schon zur Zeit der Kelten hatte man das Edelmetall aus dem Berg geholt, vermutlich waren sogar bereits in der Jungsteinzeit Menschen scharf aufs harte Metall gewesen, aber so richtig ging's im 16. Jahrhundert zur Sache. Im Rauriser- und Gasteinertal wurden etwa im Jahr 1557 827,5 Kilogramm Gold aus der treffend »Goldberg-Gruppe« genannten Bergwelt geholt.

Heute begleitet Theo Huber, der den Goldwaschplatz »Erlebnis Tauerngold« gepachtet hat, Abenteurer auf der Suche nach Nuggets. Wenn sich beim Rütteln der Pfanne im Wasser aus dem Gestein ein wenig Goldstaub löst, ist das ein kostbares Glücksgefühl – vermutlich die bessere Art von Reichtum.

Der Mythos des Tauerngoldes hat immer wieder zum Träumen animiert. Ein Träumer mit Tatkraft war Ignaz Rojacher, der im 19. Jahrhundert den Tauerngold-Bergbau wiederbeleben wollte. Doch sein Engagement blieb trotz Innovationen wie dem »Bremsbergaufzug« und anderen Errungenschaften, die Abbau und Abtransport erleichtern sollten, letztlich erfolglos. Einmal brachte er anlässlich einer Forschungsreise mit Ritter von Arlt eigenartige »Schneebretter« aus dem schwedischen Falun in den Pinzgau – wahrscheinlich die ersten Skier im Land.

Dank des Nationalparks Hohe Tauern haben Bergbaukonzerne keine Chance. Grund für Spekulation gibt es dennoch, ein Sprichwort besagt: »Das Kalb ist heraußen, die Kuh ist noch im Berg!« So mancher Geologe vermutet, dass sich zumindest 100 Tonnen reines Gold im gesamten Massiv versteckt halten.

Adresse Alpengasthof Bodenhaus, Kolmstraße 6, 5661 Rauris-Kolm Saigurn | **Anfahrt** nach Lechnerhäusl auf der Straße »Bucheben«, weiter auf der Kolmstraße bis zum Bodenhaus, zum Goldwaschplatz 2 Minuten zu Fuß | **Öffnungszeiten** Juni–Sept. täglich 10–17 Uhr, Infos unter Tel. 0664/2310016 | **Tipp** Im Talmuseum in der Marktstraße in Rauris erfährt man viel Wissenswertes über die Geschichte des Goldabbaus sowie über die Traditionen im Rauristal.

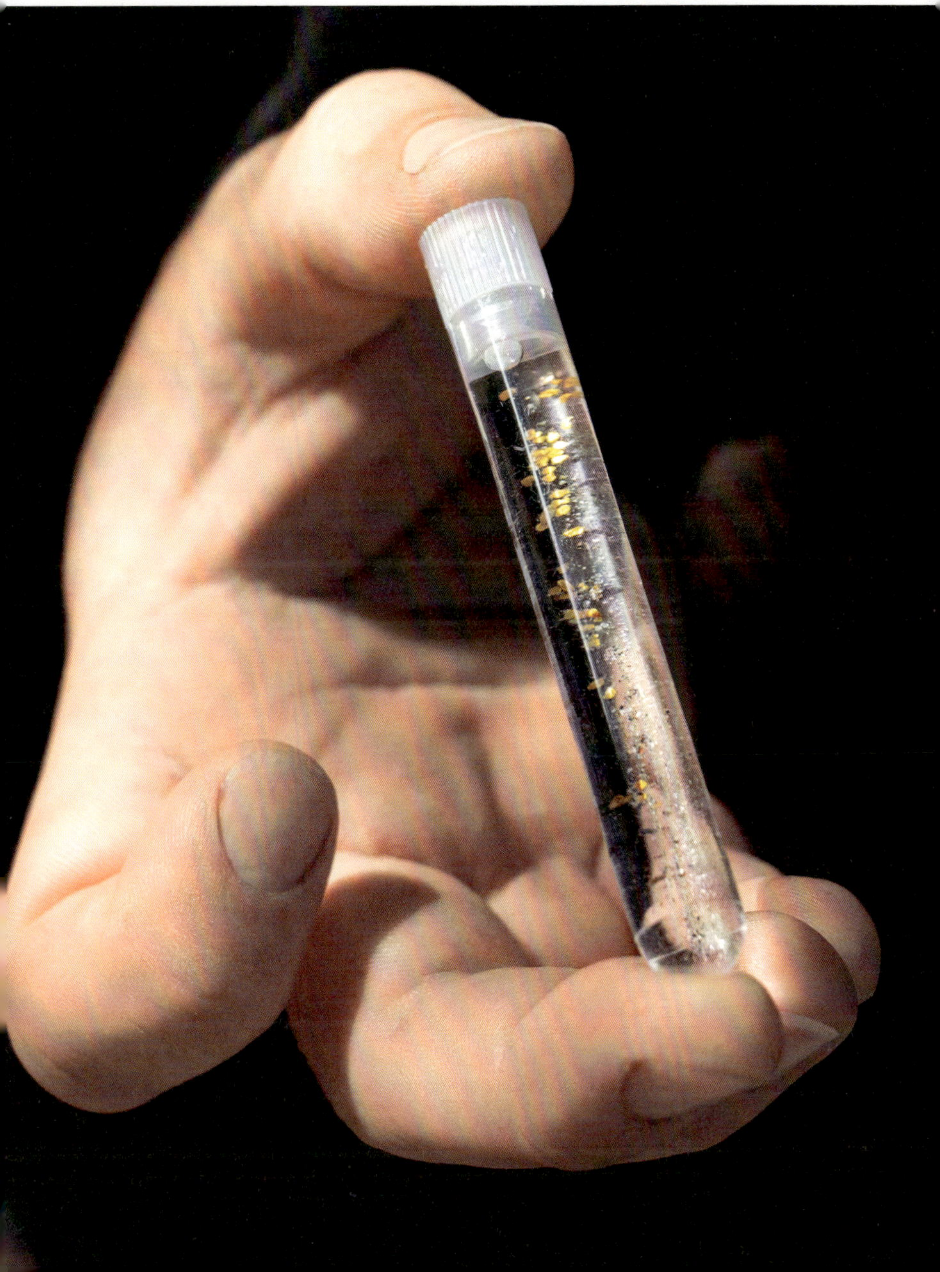

40 Der Krimmler Wasserfall

Wie viele haben ihm schon beim Fallen zugesehen?

Im Gedichtband »Gin zu Ende, achtzehn Uhr« äußert sich der Krimmler Wasserfall ganz persönlich. Wörtlich heißt es: »Ich bin der Krimmler Wasserfall und stürze in die Tiefe, dass ich das tue, ist, so scheint's Besonderes, denn Tag um Tag, Stunde um Stunde, Augenblick für Augenblick, kommen Menschen mich zu schauen. Mich kümmert dies in keiner Weise, denn stürze ich hinab gar unvermindert, mich kränkt auch keineswegs ein Stein, ein Blatt, ein Ast, die reiße ich nur mit, als ob die Sintflut hinter mir her wäre.«

Die Gefühle dieses larmoyanten Wasserfalls nehmen abenteuerliche Ausmaße an. So abenteuerlich wie seine Existenz, die vor 30 Millionen Jahren mit der Aufwölbung der Alpenteile begann. Mit rund 380 Metern Fallhöhe – verteilt über drei Kaskaden – ist der Krimmler Wasserfall der höchste Wasserfall Österreichs. Er speist die Salzach, die Lebensader Salzburgs schlechthin. Die Menge des Wassers, die in jeder Sekunde niedergeht, beträgt gut 5.500 Liter. In einer einzigen Minute ließe sich somit der Tagesbedarf von 135.000 Menschen decken, wenn man von einer Menge von 2,5 Litern pro Person ausgeht.

Dass diese Naturgewalt Menschen in den Bann zieht, ist verständlich. Schon 1876 plante die Sektion Pinzgau des Deutschen und Österreichischen Alpenvereins einen Ausbau des Krimmler Tauernwegs zu einem Aussichtsweg entlang des Wasserfalls. Seit Jahrhunderten waren die Saumwege angelegt, aber erst durch den Alpinismus und die romantischen Ideale besann man sich auf die Entdeckung der Naturschönheiten. Die schwierige Finanzierung, die Verwerfungen durch die Kriege inklusive galoppierender Inflation und die Herausforderungen des Geländes machten die Besichtigung des Wasserfalls immer wieder mühsam. Doch die Begeisterung ließ nie nach. Heute tummeln sich hier die Menschen in Massen und wissen dabei gar nicht, dass der Wasserfall davon träumt, das Kitzsteinhorn hinabzustürzen.

Adresse Oberkrimml 45, 5743 Krimml | Anfahrt mit dem Pkw auf der Gerlosstraße bis zu den Parkplätzen; alternativ mit der Pinzgauer Bahn bis zur Endstation, dann zu Fuß, mit dem Rad oder dem Bus 670 weiter | Öffnungszeiten 1. Mai–27. Okt. täglich 9.30–17 Uhr, letzter Einlass 16.30 Uhr | Tipp Das »Haus des Wassers« und der Aquapark auf dem Weg zum Eingang bieten viel Wissenswertes über Wasser – den Rohstoff des Lebens.

41 Das Tal der Geier

Wenn es Knochen regnet

In den Wüsten Afrikas ist von den »Big Five« die Rede, wenn Löwe, Elefant, Nashorn, Büffel und Leopard die Gazellen in Unruhe versetzen. In den Hohen Tauern genießen ebenfalls fünf Tiere die Gunst der Beobachtung: Steinadler, Steinbock, Bartgeier, Gämse und das Murmeltier. Dabei erging es diesen Helden der Alpen wie den afrikanischen Verwandten. Sie standen entweder kurz vor der Ausrottung oder waren bereits ausgestorben. Fast 100 Jahre gab es keine Bartgeier mehr in den Tauern. Grund dafür war üble Nachrede. Im Volk als Lämmergeier verschrien, unterstellte man dem Tier allerlei Grausames. Selbst Kleinkinder soll der Vogel manchmal aus der Wiege entführt haben.

Dabei ist der Bartgeier ein Knochen-Gourmet. Bis zu 90 Prozent seiner Nahrung stammen aus Knochen von verendeten Tieren, die durch den einmaligen Säuremix in seinem Magen zersetzt werden. Wer die Quintessenz echter Rindssuppe würdigt – nämlich Knochen und Mark –, kann diesem Speiseplan etwas abgewinnen. Wenn es Knochen regnet, ist der gewiefte Geier gerade dabei, sein Essen in ökonomische Portionen aufzuteilen. Dazu lässt er Knochen aus der Höhe fallen. Bei guter Thermik legt er 500 Kilometer am Tag zurück – ein Flug über ein weitläufiges kaltes Büfett.

Ins Rauriser Tal sind die Greifvögel zurückgekehrt. Ob Steinadler, Gänsegeier oder eben Bartgeier – die Wiederansiedlung ab Mitte der 1980er Jahre erforderte besondere Kenntnisse und Fingerspitzengefühl. Mehrfach scheiterte die Migration von Bartgeiern aus anderen Kontinenten, auch die Aufzucht von Jungvögeln misslang. Erst der Transport von jeweils zwei Jungküken in Kisten und die Absenz von Menschen beim Füttern ermöglichten den eher scheuen Tieren das Aufrechterhalten ihrer Art in den Alpen. Trotz fast drei Metern Flügelspannweite und dem sprichwörtlich majestätischen Flug ist der Bartgeier schüchtern, als würde er sich hinter seinem Bart verstecken.

Adresse Parkplatz Krumltal, Alte Buchebenstraße 38, 5661 Rauris-Krumltal | Anfahrt aus Rauris kommend Richtung Bucheben und weiter bis nach Kolm Saigurn, rechts abbiegen zum Parkplatz Krumltal, dann circa 300 Meter zu Fuß | Öffnungszeiten Mitte Juli – Anfang Sept. jeden Mi geführte, familienfreundliche Wanderungen, Informationen beim Tourismusverband unter Tel. 06544/20022 | Tipp Wer sich Adler, Falken oder Bussarde aus der Nähe ansehen will, kann dies bei der Greifvogelwarte an der Hochalm-Bergstation bei Rauris tun.

42 Der Birnbachgletscher

Das kühle Bier von einst droht warm zu werden

Bei Erscheinen dieses Buches wird der am niedrigsten gelegene Gletscher Europas auf 1.290 Meter Höhe bestimmt noch etwas mehr von seinem einst massigen weißen Körper eingebüßt haben. In der zweiten Hälfte des 19. Jahrhunderts kamen Arbeiter hierher, sprengten in bis zu 15 Meter Tiefe Eis aus dem Gletschermassiv und schnitten es in grobe Blöcke. Auf den historischen Bildern sieht man die mächtigen und doch wackelig wirkenden Holzrutschbahnen, die diese Blöcke in den Örgenkessel transportierten. Wenn man so will, war das eine 1,6 Kilometer lange Naturrodelbahn mit mächtig viel Getöse.

Von da ging es weiter mit Pferdefuhrwerken zum Gleisanschluss der Bahn. Ziel waren vor allem die Bierbrauereien Münchens. Zwar gewann man auch aus dem Zeller See und dem Grießensee Eis zur Kühlung des erfrischenden Hopfentees, aber manche Winter blieben auch vor mehr als 100 Jahren einiges schuldig. Da mussten die Münchener Eiswerke ausweichen. In den sogenannten Eiskellern lagerte man verderbliche Ware ein, um sie lange frisch zu halten.

Der Gletscher scheint wie eine von einem Designer entworfene Höhle und erinnert an ein Iglu. Einige hundert Meter entfernt liegt das Birnbachloch, das seit 1988 ein Naturdenkmal ist. Die Schönheit erschließt sich dem Betrachter für gewöhnlich nur von außen. Die Höhle birgt eine Quelle, die den Birnbach speist. In den trockenen Monaten des Spätherbsts und Winters jedoch ist ein Abstieg in die Quellhöhle möglich. Die Magie des Ortes besteht vielleicht gerade in seiner Naturbelassenheit. Während anderswo Vermessungen und wissenschaftliche Forschung die Geheimnisse lüften, bleiben sie hier verwahrt. Die Wanderung von Ullach hinauf entlang des Birnbachs über die gleichnamige Brücke ist allein schon eine mystische Erfahrung, die auch für Kinder machbar ist. Zumindest wenn ihnen ein Eis als Belohnung versprochen wird.

Adresse Birnbachgletscher, 5771 Leogang | **Anfahrt** Aufstieg vom Wanderparkplatz Mitterbrand über die Passauer Hütte oder vom Zentrum Ullach beim Bahnhof Leogang-Steinberge | **Öffnungszeiten** am besten Mai–Okt. | **Tipp** Von der Passauer Hütte führt ein für versierte Bergsteiger geeigneter Weg zum Melker Loch, das auf fast 2.200 Meter Höhe einen fabelhaften Fernblick bis zu den Hohen Tauern bietet.

43 Das Haubendorf

Wo man einander »Chapeau!« zuruft

Als 1969 die Journalisten Henri Gault und Christian Millau ihren berühmten Restaurantführer erstmals veröffentlichten, hätten sie sich wahrscheinlich nicht träumen lassen, dass die weltweite Haute Cuisine je ein solches Aufhebens wegen ihrer Hauben machen würde. Das »Time«-Magazin urteilte bald, dass zwar der erlauchte Michelin mit seinen Sternen das Alte Testament sei, der Gault-Millau jedoch das Neue. Leichtere Soßen und marktfrische, saisonale Zutaten sind einige der Gault-Millau-Gebote. Diesem Bekenntnis folgend, reihen sich im rund 3.400 Einwohner großen Leogang ungewöhnlich viele Haubenlokale Tür an Tür.

Freilich zählen einige davon zu renommierten Hotels. Das bedeutet aber nicht, dass man Hotelgast sein muss, um entweder Pinzgauer Schmankerl wie Kasnockn oder verführerisch süße Schwarzbeernockn zu genießen oder doch raffinierte Fusion-Gerichte. Es ist ein richtiger Wettbewerb mit Pfanne und Kochlöffel entstanden, wer hochwertige Lebensmittel am schmackhaftesten zuzubereiten und zu kombinieren weiß. Mancher Restaurant-Name zeigt programmatisches Selbstbewusstsein wie »Ess:Enz« oder »Echt.Gut.Essen«. Bei der »Riederalm« und der »Forsthofalm« ist der traditionelle Ort der Namensspender.

Das fünfte Haubenlokal schließlich ist der Kirchenwirt, der in seiner Bezeichnung den Zusatz »K1326« führt. Das hängt mit der ersten urkundlichen Erwähnung des ehrwürdigen Hauses zusammen, das somit Salzburgs ältestes noch existierendes Dorfwirtshaus ist. Der Name ist zudem ein simpler Hinweis, befindet sich das Traditionshaus doch direkt neben der St.-Leonhardi-Kirche. Wie häufig im Pinzgau kamen früher die Samer vorbei, damit Pferd und Mensch rasten konnten. Gemeinsam mit dem Kultur- und Kunstverein Samerstall wurde ein Teil des denkmalgeschützten Gebäudes in eine Ausstellungsfläche verwandelt: kunSTall. Allein das gotische Gewölbe im Keller ist ein Gemälde.

Adresse Kirchenwirt K1326, Leogang 3, 5771 Leogang | Anfahrt von Saalfelden auf der Hochkönigstraße (B164) bis zur Ortsmitte und dann direkt zur Kirche | Öffnungszeiten Mitte Mai–Mitte Nov. täglich außer Di und Mi immer 16–22 Uhr, So und Feiertage 12–14 und 17–22 Uhr, Mitte Dez.–Ende März täglich außer Di | Tipp Gourmets finden in der Region nahezu unerschöpfliche Möglichkeiten für exquisite Kulinarik, etwa im Restaurant menschmayer in Saalfelden, geführt vom Haubenkoch Andreas Mayer, der auch in Schloss Prielau den Kochlöffel schwingt.

44 Der Einschuss-Splitter

Zeugnis des Attentats auf den Thronfolger

Diese Entdeckung würde man in der gemütlichen und historisch wunderbar aufgeladenen Bräustube nicht vermuten: Mit einem Bild der Autokolonne vor dem Rathaus in Sarajevo reist der Betrachter zurück zum 28. Juli 1914.

Das Attentat auf Franz Ferdinand und seine Gemahlin veränderte die Geschichte Europas für immer. Mittendrin war Major Karl Baumgartner, der letzte Adjutant des Thronfolgers. Als Zeuge der Ermordung aus nächster Nähe behielt er ein Requisit des Dramas. Heute sind im »Bräu« in Lofer ein Einschuss-Splitter vom Wagen der Erzherzogin Sophie sowie die Feldbinde des Erzherzogs zu sehen. Wie aber kamen sie nach Lofer?

Der Major dankte schließlich ab, und es verschlug ihn in den Pinzgau, wo er 1921 Anna Rauchenbichler heiratete. Sie übernahm den Bräugasthof ihrer Eltern. So wurde aus einem dekorierten k. u. k. Offizier ein Wirt in Lofer. Aber Karl Baumgartner blieb ein emsiger Sammler und Förderer von Kunst, Technik und Geschichten. Das Bräu bekam etwa als erstes Haus der Marktgemeinde ein Telefon und sogar eine eigene Radiostation. Architekturikone Clemens Holzmeister konzipierte den 1929 eröffneten Bräusaal.

Darin finden sich Gemälde von Franz von Zülow. Von Baumgartner beauftragt, malte dieser Motive vieler Sagen. Die Sagen hat der vielseitig engagierte Major außerdem gesammelt, um ein Buch zu editieren. Manche von ihnen sind kaum bekannt, spielen jedoch in Lofer. 200 Exemplare ließ man seinerzeit drucken.

Wenn Hausherr Martin Herbst jemandem ein Exemplar des raren Restbestands schenkt, dann ist das eine ganz besondere Sympathiebekundung. Die Zülow-Gemälde werden ebenso wenig hergegeben wie die Reisetruhe von Erzbischof Paris von Lodron, der im Übrigen das Haus im 17. Jahrhundert renovieren ließ. Genau das ist vor Kurzem wieder passiert. Die Zimmer verknüpfen geschickt Brauchtum und Modernität. So wie einst Major Baumgartner.

Adresse Lofer 28, 5090 Lofer | **Anfahrt** beim Kreisverkehr auf der B311 in die Straße »Lofer« abbiegen, dann rechts halten, den Loferbach queren, »Bräu« nach 40 Metern | **Öffnungszeiten** als Hotelgast das ganze Jahr über (ausgenommen Betriebsferien); bei Besichtigungswunsch die Leitung des Steinerwirts, Lisa-Maria Roos, unter Tel. 06588/8303 kontaktieren | **Tipp** Der Steinerwirt vis-à-vis vom »Bräu« hieß früher »Bärenwirt«. Die Bärengefahr im Tal war einmal gewaltig. Beispielsweise fielen im Jahr 1555 30 bis 40 Rinder den Bären zum Opfer.

45 Der Filmort

Kommt Dirty Harry jemals zurück?

So idyllisch, wie es im Zentrum von Lofer zugeht, kann man kaum glauben, dass hier vor mehr als 50 Jahren Hollywoodstars beim Frühstück saßen, um sich auf einen hektischen Drehtag einzustimmen. Als 1968 der Film »Agenten sterben einsam« gedreht wurde, spielten Lofer und die Villa Egger Hauptrollen. Hier richteten die zwei glorreichen Halunken Richard Burton und Clint Eastwood ihre Schmink- und Umziehräume ein. Im Film hieß die Villa »Gasthaus zum Wilden Hirschen«.

Es ist meist eine reizvolle Phantasie, in einem Hotelbett liegend darüber nachzudenken, wer wohl in diesem Bett geschlafen haben mag. Der Geschichte verpflichtet, findet sich in der Frühstückspension ein Clint-Eastwood-Zimmer. Ob Dirty Harry irgendwann hier wieder ein weiches Ei essen wird?

Vielleicht nicht er, aber ein anderes bekanntes Film-Gesicht. Denn in Lofer heißt es gelegentlich immer noch: Klappe halten und Film ab! Szenen für die »SOKO Kitzbühel« oder Episoden der »Alpenklinik« entstanden hier zum Beispiel. Das harmonische und meist angenehm ruhige Ortszentrum sorgt für eine entspannte Arbeitsatmosphäre am Set, und die Kulisse der Steinberge liefert die ideale Naturarena für packende Bilder. Das hat offenbar schon in den späten 40er Jahren die Filmcrews hierhergelockt. Heimatfilme wie »Hochzeit im Heu« oder »Die Schatztruhe« priesen die intakte Natur, während die Nation ein Torso war. Neben zahlreichem Klamauk mit auffallender Lederhosen-Präsenz gab es auch den einen oder anderen Schmuddelfilm wie »Alpenglühn im Dirndlrock«.

Es ist anzunehmen, dass diese cineastischen Errungenschaften spurlos an Clint Eastwood vorbeigegangen sind. Für ein paar Dollar mehr drehte der Western- und Thriller-Akteur Eastwood etliche andere Filme, sowohl vor als auch hinter der Kamera. In der Villa Egger und in anderen Hotels nächtigen heute vielleicht die Eltern zukünftiger Leinwandgrößen – wer weiß?

Adresse Villa Egger, Lofer 16, 5090 Lofer | **Anfahrt** am Parkplatz Lofer parken und in die Fußgängerzone gehen | **Öffnungszeiten** ganzjährig | **Tipp** Direkt vor dem Eingang zur Villa Egger steht ein Denkmal zur Erinnerung an die Franzosenkriege im Dezember 1800 – die Zeit scheint bei manchem Denkmal stehen geblieben zu sein. Nicht immer vorteilhaft.

46 Die Pestsäule

Erinnerung an die größte Pandemie der Menschheit

Die jüngere Vergangenheit hat uns schonungslos offenbart, dass die schlimmste Bedrohung unsichtbar ist. Bakterien und Viren haben wiederholt Landstriche entvölkert und soziale Strukturen vernichtet. In den alten Grundbüchern des Pinzgaus finden sich Auskünfte, dass infolge mancher Seuche die Höfe aus Personalmangel für lange Zeit unbesetzt blieben. Speziell die Pestpandemie ab 1348, die vor allem durch Handelsschiffe aus Asien über Genua und Marseille die Küsten Europas erreichte und bald das Festland eroberte, forderte auch im Pinzgau ihren Tribut. So manchen Weiler löschte das Bakterium *Yersinia pestis* vollständig aus, zielsicher durch Flöhe übertragen und durch die Wanderratte rasch in ganz Europa verbreitet.

In Lofer wurde 1564 diese Pestsäule errichtet. Sie ist die älteste im ganzen Land Salzburg, aber bei Weitem nicht die einzige. Allein in Lofer und Umgebung erinnern fünf weitere Pestgedenkstätten an die Plage. Dass das englische Wort *plague* gleichbedeutend mit Pest ist, macht das Ausmaß der Zerrüttung anschaulich. Am Beginn der Neuzeit war das Wissen um die Entstehung und Heilung der Krankheit praktisch nicht vorhanden. Mit dem Kauen von Wacholderbeeren oder dem Trinken von Schnaps wehrten sich die Pinzgauer letztlich vergeblich gegen das Siechtum. Sogar der berühmte Arzt Paracelsus, der einst durch den Pinzgau gekommen war, erlag in Salzburg der *mortalitas magna*, dem »Großen Sterben«. Lofer wurde unmittelbar nach dem Ende des Dreißigjährigen Kriegs von einer besonders grausamen Pestepidemie heimgesucht. Der Pfarrvikar Johann Reichelin berichtete am 20. September 1649, dass schon »15 Personen weggerafft worden« seien.

Während die an drei Seiten offene »Laterne« (Tabernakel) mit dem sterbenden Christus darauf den vergänglichen Leib symbolisiert, repräsentiert die von Peter Faistauer restaurierte, hinter Gittern geschützte Heiligenfigur das ewige Leben.

Adresse bei Lofer 138, vis-à-vis von 108, 5090 Lofer | Anfahrt beim Kreisverkehr der B311 in die Straße »Lofer« abbiegen, dann rechts halten | Öffnungszeiten immer zugänglich | Tipp Die Pestsäule in Lofer-Au beim Lenzenbauern erinnert daran, dass hier 1648 von insgesamt acht Bewohnern sieben starben.

47 Der süße Krampus

Furchteinflößend, wie gut er schmeckt

Einst hatte Sohn Franz eine Krampusmaske erhalten, die mit ihrer grimmigen Visage Schrecken verbreitete. Bis die beiden Schokoladenpioniere Christine und Hubert Berger dem Krampus den Zahn der Furcht zogen und ihn in eine zarte Verführung verwandelten. »Das Gießen der Hörner ist eine Herausforderung«, macht Christine anschaulich. Jede Form bei Berger wird in Handarbeit produziert. Besonders grazile Teile – und das sind bei einem Schokoladenkrampus einfach die Hörner – erfordern buchstäblich Fingerspitzengefühl. Wie das finale Lösen aus der entsprechenden Form. Für den erfahrenen Chocolatier Hubert ist gerade die Materialität von Schokolade magisch: »Ich kann sie schneiden, gießen, formen, malen und einfach modellieren. Ihre Vielseitigkeit ist unerschöpflich, und das Gute ist: Sie ist lange haltbar.« Wobei die Haltbarkeit sich dann doch in Grenzen hält; wer sie in die Finger bekommt, lässt nichts von ihr übrig.

In der Mitte des hellen Firmengebäudes steht der einzige Kakaobaum des Pinzgaus. Dies schafft eine stimmige Verbindung zum Rohstoff und ruft ins Bewusstsein, wie wir mit der Natur umgehen sollen. Die ökologisch verantwortungsvolle und sozial umsichtige Produktion ist Berger wichtig. Das zeigt sich etwa an der cremig-eleganten Marc-de-Champagne-Ganache, die zu 100 Prozent biologisch produziert wird. Sogar das Rosenöl stammt aus zertifiziertem Anbau. Die unerschöpfliche Welt der Geschmackskombinationen ist voller Überraschungen. Hubert erinnert sich: »Die Edelbitter-Whisky-Orange war eine zufällige Entdeckung.« Doch wer sich nicht finden lässt, dem begegnet auch das Neue nicht. »Die Offenheit für exquisite Geschmacksnuancen ist unser Begleiter seit der Gründung 1994«, erzählt Christine.

Die Krampusfigur hat übrigens eine moralisierende Funktion. Aber wie könnte die Katharsis besser schmecken als mit *Theobroma cacao* – der reinigenden Götterspeise der Azteken?

Adresse Berger Feinste Confiserie GmbH, Schokoladenweg 1, 5090 Lofer | Anfahrt nach dem Kreisverkehr in Lofer auf der B311 rund 50 Meter Richtung Pass Strub | Öffnungszeiten ganzjährig geöffneter Schau- und Verkaufsraum Mo–Fr 8–18 Uhr, Sa 8–12 Uhr | Tipp Wer viel Schokolade isst, sollte sich bewegen. Ein paar Meter entfernt liegt das »Motion Center«. Von hier aus kann man auf der Saalach Kajak fahren und andere Abenteuer erleben.

48 Der gotische Pferdestall

Schon Pferd und Ziege wohnten beschaulich

Die Futtertröge der Pferde waren mit duftendem Heu gefüllt, wenn die Nutztiere abends zurück in den Stall gebracht wurden. Naturgemäß galt dem Futter das Hauptinteresse, und das wäre vermutlich in jeder Behausung willkommen gewesen. Da Pferde früher einen besonderen Wert für ihre Besitzer darstellten, wundert es kaum, dass geräumige gewölbte Pferdeställe oft der Stolz der Bauernhöfe waren. In Schloss Kammer ließ der Erbauer Dietrich Khuen von Belasy im Jahr 1617 einen gotischen Rossstall errichten. Dieser Raum ist dreischiffig und weist schlanke Säulen auf. Die edlen Rösser sollten entsprechend in Szene gesetzt werden. Die Kutsche diente der Ausfahrt, im Winter hörte man die Glöckchen am Pferdeschlitten, das Holz der Wälder wurde zum hauseigenen Sägewerk gebracht, und am Feld brauchte man die PS als Vorläufer der Traktoren.

Im Jahr 1899 nahm Kaiser Franz Josef höchstpersönlich das Einschießen des Kammerer Schießstandes vor, während seine kaiserlichen Rösser im Stall gelabt wurden. Bei dieser Gelegenheit wurde der Urgroßvater von Matthias Neumayer senior vom Kaiser zum Ritter geschlagen. Diese Huldigung ist auf einer Tafel verewigt, welche in der Gaststube zu sehen ist.

Damals hatte der gotische Pferdestall noch keinen Holzboden, außerdem durften Ziegen unter den architektonisch gleichmäßigen Spitzbögen rasten. Die Familie Neumayer ist in achter Generation hier ansässig. Sie baute den Stall behutsam zum Saal um.

Heute strahlt der Ort eine natürliche Eleganz aus, wenn im kalkweiß getünchten Raum Hochzeiten ausgerichtet werden und an den abgerundeten Säulen seidige Bänder flattern. Wo einst Pferd und Ziege nächtigten, schwingen heute die Gäste ihr Tanzbein bei allen möglichen Festlichkeiten. So mancher Bräutigam, dem die Braut gestohlen wurde, holt sie zurück, in der Hoffnung, mit ihr Pferde stehlen zu können.

Adresse Schloss Kammer, Kammererstraße 22, 5751 Maishofen | **Anfahrt** von der Pinzgauer Bundesstraße (B311) über die Saalhofstraße durchs Zentrum und links in die Kammererstraße | **Tipp** Die Schlosskapelle wurde einmal als entweiht betrachtet und vom Erzbischof geschlossen, da man in der Diele davor getanzt hatte. Doch die Urahnin pilgerte nach Rom, und dank einer gewichtigen Geldspende gab es einen Ablass für vier Generationen.

49 Die Stablbergkapelle

Erstes öffentliches Zeugnis von Anton Faistauer

Von außen wirkt die Stablbergkapelle recht unscheinbar. Tritt man ein, strahlen einen die Wandmalereien des damals 22-jährigen Anton Faistauer an. Binnen einer Woche, im Juni 1909, sind die Fresken entstanden.

Faistauer wurde am Valentinstag 1887 in St. Martin bei Lofer geboren. Mit drei Jahren kam er nach Maishofen. In einem Brief an seine Verlobte Ida schreibt Faistauer zum Arbeitsfortschritt: »Die vier Evangeliumsmänner sind schon in die Wände gekratzt wie Speerwunden. Um den Altar schlanke durchsichtige, anbetende Engel.« Kraft und Zartheit zeichnen viele Werke des unermüdlich arbeitenden und körperlich oft angegriffenen Künstlers aus. Von der Zeit des Jugendstils geprägt, spielten das Auflösen des Dreidimensionalen und die Ornamentik wichtige Rollen, wie die Stablbergkapelle zeigt.

Dass ein Künstler immer auch Dokumentarist einer Kulturlandschaft ist, zeigen seine vielen Pinzgauer Motive – von den Schlössern Saalhof, Prielau oder Kammer bis hin zu Landstraßen und Feldern. Man mag bedauern, dass viele Bilder in Museen in Salzburg oder Wien hängen. Dafür werben sie auf impressionistische Weise für den Pinzgau. Als Verehrer von Paul Cézanne mag dessen Leitgedanke für Faistauer ein künstlerisches Richtmaß gewesen sein: »Es ist keine Kunst, in der Stube Phantasie zu haben, wohl aber ist es Kunst, vor der Natur noch Phantasie zu haben.«

Die von Alexander Lassnig hervorragend restaurierten Wandmalereien prüften das junge Talent, galt es doch, ein Großformat zu bewältigen und diese Technik wie ein alter Meister zu beherrschen. Wie gut ihm das gelang, beweist sein epochales Hauptwerk, 1926 entstanden und heute dank originalgetreuer Wiederherstellung durch Alberto Susat – nach Entfernung durch die Nationalsozialisten – im Haus für Mozart in Salzburg zu bestaunen. Am Faistauer-Wanderweg mit zehn Infotafeln lässt sich über den Ewigkeitsanspruch der Kunst und vieles mehr sinnieren.

Adresse Stablberg 5, 5751 Maishofen | Anfahrt am besten zu Fuß vom Mühlenweg vis-à-vis von der Pinzgau Milch Produktions GmbH, bei milder Steigung angenehm in 1 Stunde erreichbar | Öffnungszeiten nach Rücksprache mit der Jausenstation Stablberg (Tel. 0664/9863347), Schlüssel dort hinterlegt | Tipp In der Maishofener Pfarrkirche sind zwei weitere Arbeiten von Faistauer zu sehen: »Der große Salzburger Votivaltar« und das Glasfenster »Anbetung der Könige und Hirten«.

50 Die Versteigerungshalle

Schon so manches Tier erzielte enorme Höchstpreise

»Zum Ersten, zum Zweiten und …« Das Jungrind »Manu« wurde 2019 gar für den phänomenalen Preis von 17.700 Euro ersteigert! Dank modernster Methoden sind Züchter in der Lage, gesunde und leistungsfähige Tiere aufzuziehen. »Manu« wies außergewöhnliche Gene, ein hervorragendes Exterieur und eine perfekte Gesundheit auf. In der 1951 errichteten Versteigerungshalle in Maishofen bekommen Kühe ein neues Zuhause. Rund zwölf Rinderversteigerungen jährlich finden in diesem nahezu unveränderten Bau voller Flair statt. Der damalige Landeshauptmann und spätere Bundeskanzler Dr. Josef Klaus eröffnete die heute traditionsreichste Anlage Österreichs feierlich. Im Prinzip ist jede Versteigerung ein Fest: Landwirte plaudern angeregt, Marktstände offerieren hilfreiche Utensilien, verpflegen mit Süßem oder Gegrilltem, während die Kinder manchmal Kälber streicheln.

Bereits 1896 erging die Verordnung, in Maishofen einen zentralen Herbststiermarkt abzuhalten. Die Pflicht zur Versteigerung wurde also amtlich erteilt. Der Rinderzuchtverband Salzburg gründete sich 1921. Neben Rindern werden hier auch Pferde, Schafe und Ziegen versteigert. Mit dem gedruckten Katalog verschaffen sich Interessierte einen ersten Eindruck, beim Besichtigen der Tiere vorab prüft jeder, ob die Kuh zum Betrieb passt oder nicht. Fleckvieh, Holstein- und manchmal auch Jersey-Rinder sind im Angebot. Sowie selbstverständlich das Pinzgauer Rind mit seiner kastanienbraunen Färbung – seit Jahrzehnten bewährt aufgrund seiner Vitalität und Widerstandsfähigkeit.

Selten, ganz selten widersetzte sich eine Kuh der Versteigerungsabsicht. »Einmal ist ein Tier entlang der Bahngleise Richtung Zell am See gelaufen«, erinnert sich Geschäftsführer Thomas Edenhauser. Doch das ist Geschichte: Seit Sommer 2021 sorgt ein Zaun um das Gelände dafür, dass jedes Tier bis zum höchsten Gebot bleibt.

Adresse Mayerhoferstraße 12, 5751 Maishofen | **Anfahrt** vorbei am Anton-Faistauer-Platz ins Zentrum und rechts in die Mayerhoferstraße | **Öffnungszeiten** Versteigerungstermine unter www.rinderzucht-salzburg.at | **Tipp** In der Zeller Straße 14 befindet sich die Himmelswerkstatt von Josef Radmoser. Wem eine echte Kuh zu teuer ist, der kann hier ein aus Holz geschnitztes Tier bekommen.

51 Der höchste Kirchturm

Wie ein riesiger Hut sitzt das Dach auf dem Turm

Der höchste Kirchturm Salzburgs gehört nicht dem Dom, sondern der Pfarr- und Wallfahrtskirche Maria Alm am Steinernen Meer. Kanonikus Lahnsteiner schreibt von 84 Meter Höhe, die Gebäude-Datenbank Emporis von 83 Metern. Der Zimmermann, der diesen spitzen Helm errichtet hat, muss bestimmt keine Sorge um neue Aufträge gehabt haben.

Die Kirche ist den über 400 Jahre lang einflussreichen Herren »von der Albm« zu verdanken und wurde, auf romanischen und gotischen Vorgängerbauten ruhend, in der gegenwärtigen Form 1508 neu gebaut. Schon 1228 wird der Begriff »Alm« erstmals in Bezug auf die Kirche erwähnt. Da früher das Wort »Alben« ein Synonym für »Alm« war, kann man es getrost verwenden, um die Bildermacht des Inneren zu beschreiben. Einer der Blickfänge ist das Gemälde des alten Gnadenbildes mit der gotischen Krone an der rechten Chorwand, aber Maria wurde hier vielfach porträtiert. Das eigentliche Gnadenbild, die gotische Madonna mit dem Kind, befindet sich am Hochaltar. Für die barocken Fresken zeichnete Christoph Anton Mayr aus Schwaz verantwortlich. Am überraschendsten erscheint der Zyklus im Chorraum, der acht Frauengestalten des Alten Testaments darstellt. Sie gelten als Trägerinnen der Offenbarung. Diese Geschichte zeigt einmal mehr, wie verzahnt die jüdische Kultur mit der christlichen ist.

Mit der Orgel des prominenten Matthäus Mauracher von 1868 und Arbeiten von Franz Anton Ebner finden sich weitere Kleinodien in der Kirche. Dass diese Künstler aus der Ferne kamen, um hier zu arbeiten, passt zur Wallfahrtskirche am Marienweg. Der Legende nach soll einst ein Bär auf dem Schattberg einen Bauern oder Holzfäller getötet haben. So brachte man ein Marienbild an. Immer mehr Leute kamen, um des Getöteten zu gedenken. Schließlich übersiedelte das Marienbildnis in die Kirche Maria Alm. In der linken Hand hält das Christuskind funkelnde Trauben – Sinnbild des Leidens sowie der Auferstehung.

Adresse Pfarrhofweg 1, 5761 Maria Alm | Anfahrt auf der B164 nach Maria Alm, in die Dorfstraße abbiegen, geht in »Am Dorfplatz« über | Öffnungszeiten ganzjährig tagsüber | Tipp Vor der Kirche befindet sich die achteckige Palästinakapelle. Sie wurde zu Ehren einer Pilgerreise nach Jerusalem errichtet. Der Bau ähnelt der Grabeskirche.

52 Das wiedergefundene Kind

Wie ein Ort zum Sinnbild des Glaubens wird

Ursula Penningerin richtete 1550 eine Vermisstenanzeige an Gott. Ihre zwölfjährige Tochter war beim Beerenbrocken verloren gegangen. Zudem war sie von Blindheit und Geistesschwäche gezeichnet. Die Mutter musste das Schlimmste befürchten. Doch drei Tage später fand ein Hirte das Kind. Es war nicht nur wohlauf, sondern konnte sehen und überzeugte mit klarem Verstand.

Es sind Geschichten wie diese, die einem Ort magische Anziehungskraft verleihen. Einem Gelöbnis folgend, stiftete die dankbare Mutter an der Fundstelle eine Kapelle. Heute stehen hier zwei Kapellen. Beide sind nicht mehr die ursprünglichen, doch das Erbe ihrer Vorgängerinnen wirkt nach. In der unteren, kleineren Kapelle können Eltern, die ihr Kind früh verloren haben, einkehren und Trost suchen für ihr kaum zu fassendes Leid.

Der obere Sakralbau wurde über die Jahrhunderte ein beliebter Wallfahrtsort und ist dies auch heute noch als Wallfahrtskapelle Maria Elend. Doch im Gegensatz zum 18. Jahrhundert, als in manchem Jahr 30.000 Pilger Maria huldigten, kommen heute kleine Gruppen von Wanderern vorbei. Innehalten und klarer sehen. Dafür gibt es auch ein »Gnaden- oder Augenbründl«. Das ist eine Quelle, deren Wasser nicht nur die Sehkraft stärken soll, sondern auch die Erkenntniskraft des Sehens. Die Innenschau mit weitem Ausblick. Man lernt hier tatsächlich, weiter zu sehen.

Früher haben die Pilger häufig Votivtafeln anfertigen lassen, um für die Überwindung eines Schicksalsschlags zu danken. Doch diese Bilder gingen überwiegend verloren, nur rund 30 sind noch in Verwahrung. Auch das ursprüngliche Gnadenbild findet sich nicht mehr hier, sondern ist in Embach gelandet.

Die Idylle dieses Terrains lässt kaum erahnen, dass vor gut 250 Jahren jährlich über 1.000 Messen hier abgehalten wurden. Kommen und gehen lassen – auch das ist eine Weisheit der Pilger angesichts der Zeiten Unbill.

Adresse Winkl 262, 5651 Winkl-Maria Elend | **Anfahrt** von der Embacher Landesstraße Richtung Rauris, bei Winkl abbiegen, dann in Serpentinen noch circa 1 Kilometer | **Öffnungszeiten** Frühjahr – Spätsommer tagsüber | **Tipp** Etwas unterhalb von Wallfahrts- und Ursprungskapelle befindet sich am Fahrweg der Gasthof »Maria Elend«, der noch bis Anfang der 1920er Jahre als Genesungsheim der Gesellschaft vom Weißen Kreuze genutzt wurde.

53 Das 360° Panorama Kino

Wie durch die Technik Natur erfahren wird

Viel lässt sich darüber diskutieren, wie sehr sich der Mensch durch die Technik immer weiter von der Natur entfernt. Umso erfreulicher ist es, wenn durch Technik eine Nähe zur Natur entsteht, die sonst undenkbar wäre. Genau dies gelingt im 360° Panorama Kino in den Nationalparkwelten in Mittersill.

Seit 2013 ist hier ein 14 Minuten langer Film zu sehen, der die Welt der Hohen Tauern aus menschenunmöglichen Perspektiven einfängt. In Summe waren zwei Jahre Produktionszeit nötig, um zu dieser mystischen Viertelstunde zu kommen. Damals war es eine Weltneuheit, einen solchen Panoramafilm herzustellen. Denn das Kamera- und Aufnahmesystem wurde eigens dafür entwickelt. So blicken Zuseher in Gletscherspalten, tauchen ein in Unterwasserwelten und fliegen praktisch Auge in Auge mit den mächtigen Greifvögeln über die Gipfel der Hohen Tauern. Das Erleben der Jahreszeiten im ursprünglichen Wald gehört genauso dazu wie das manchmal rege Treiben in einem Gebirgssee. Allein die Leinwand, die für einen solchen Film nötig ist, ist oscarverdächtig.

Im Zusatzbau des Museums ist ein Rundumbild von 52 Meter Länge zu sehen. Wer in der Mitte des Zylinders mit 16 Meter Durchmesser steht, fühlt sich, als stünde er im ewigen Eis der Gletscher oder im Unterholz des alpinen Urwalds. Dank vier Meter Filmhöhe entsteht eine so unmittelbare Nähe zu den Ereignissen in freier Wildbahn, dass man sich einfach bücken muss, wenn der Adler zum Flug ansetzt.

Der Wunsch, der Natur nahe zu sein und sie zu verstehen, bleibt nicht auf Abenteurer und Forscher beschränkt. Mit neun hochauflösenden Projektoren leistet das unvergleichliche Porträt der Hohen Tauern eine Aufklärungsarbeit, die Besuchern das feine Ökosystem näherbringt. Sollte man Nationalparks nicht vielmehr Globalparks nennen? Denn die Biodiversität eines Ortes entscheidet mehr und mehr über die Biodiversität eines anderen.

Adresse Nationalparkzentrum Hohe Tauern GmbH, Gerlosstraße 18, 5730 Mittersill | Anfahrt auf der B168 Richtung Mittersill-Zentrum | Öffnungszeiten Mai–Okt. Di–So 9–18 Uhr, Nov.–April Di–So 10–17 Uhr | Tipp Am Zierteich nebenan kann man die Installation »Tür zur Zukunft« betrachten. Hier sind überdimensionierte Schlüssel angebracht, gewissermaßen mit Schlüsselbegriffen für eine gesunde Zukunft: Wohnraum, Verkehr und vieles mehr.

54 Der Anton-Webern-Weg

Das jährliche KoFoMi gedenkt des Komponisten

Wie leicht ein Mensch zum Spielball des Krieges werden kann, beweist das Schicksal von Anton Webern. Obwohl der Zweite Weltkrieg bereits überwunden war, lässt sich der Komponist als spätes Opfer betrachten. Am 15. September 1945 trat er abends vor das Haus, um seine geliebte Zigarre zu rauchen. Sein Schwiegersohn wollte gerade Schwarzmarktgeschäfte mit US-amerikanischen Soldaten machen. Im Rahmen seiner Festnahme fielen tödliche Schüsse auf den Komponisten.

Der von Renate Holzer und Christa Fuchs vom Zukunftskollegium initiierte Anton-Webern-Weg verknüpft Orte, die mit dem Komponisten in Zusammenhang stehen. Einer erinnert an die Begegnung mit dem Kollegen Cesar Bresgen, welcher Mittersill lange eng verbunden war. Es würde diese Gedenkobjekte vermutlich nicht geben, hätten Wolfgang Seierl und Christian Heindl nicht 1996 das »KomponistInnenforum Mittersill« gegründet. Regelmäßig setzen so Performances und Werkstattbegegnungen die musikalische Tradition fort und wahren das Andenken an den so tragisch Verstorbenen. Mehr noch ist die Anknüpfung an die musikalische Entwicklung Weberns von der Spätromantik über den Expressionismus bis zu Schönbergs Zwölftontechnik ein Wesensmerkmal des vielstimmigen Forums. Das beharrliche Erinnern an Webern hat dies erst ermöglicht. Anlässlich eines Gedenkkonzertes 1995 zum 50. Todestag des Komponisten bat der damalige Vizebürgermeister, »Anton Webern in Mittersill nicht ein zweites Mal sterben zu lassen«.

Dieses Versprechen ist eingelöst. Denn mehr als das Gedenken in Form der Anton-Webern-Gasse, des gleichnamigen Parks mit der Büste des Komponisten oder der original Webern-Ziga zeugt die musikalische Referenz vom ermutigenden Echo.

In manchen Jahren hat das KoFoMi – wie das Forum klang- und phantasievoll abgekürzt heißt – ein wahres Kunst-Ensemble versammelt: mit Tönen, Wörtern und Bildern zu einer kreativen Durchdringung der Wirklichkeit.

Adresse Stadtgemeinde Mittersill, Stadtplatz 1, 5730 Mittersill | **Anfahrt** auf der B161, der Pass-Thurn-Straße, vorbei an Schloss Mittersill, bei Spielbichl rechts abbiegen, Übergang in Thalbach, Gedenkstein nach rund 100 Metern | **Öffnungszeiten** immer zugänglich, Infos unter www.kofomi.com | **Tipp** Wenige Schritte vom Gedenkstein entfernt schlägt im Schachernhof am Sonnberg das heimliche Herz des KoFoMi. Bei Familie Langer treffen sich Musiker und Komponisten sowie Konzertbesucher zum angeregten Austausch.

55_Clark Gables Golfbag

Wo sich der internationale Jetset inspirieren ließ

Über das Schloss Mittersill gäbe es viele Geschichten zu erzählen. Verständlich, bei einem Alter von mehr als 870 Jahren. Neben den kulturhistorischen Facetten wie der Schlosskapelle, dem ältesten erhaltenen Kappellenbau in Mittersill, dessen Errichtungsjahr 1533 gemeinsam mit dem Wappen des damaligen Erzbischofs Matthäus Lang an der Kapellendecke beim Eingang verewigt ist, finden sich ein Wehrturm oder gotische Gewölbe im Kapellenraum.

Wirklich überraschend ist allerdings die Liste der Prominenten, die nach dem Zweiten Weltkrieg auf Einladung des damaligen Besitzers Baron Hubert von Pantz das idyllische Alpenstädtchen aufsuchten. Von William Randolph Hearst bis zum Schah von Persien übergaben sich Größen des Jetsets das Gewehr, um hier im »Sport & Shooting Club Schloss Mittersill« das süße Leben zu genießen. Jüngere kennen vielleicht Hearst nicht mehr, aber bestimmt den Klassiker »Citizen Kane« von Orson Welles. Mit 1.000 US-Dollar pro Jahr war man hier Mitglied. Heute entspräche das einer zehnmal so hohen Kaufkraft – ein Betrag aus der Portokasse für die Reichen und Schönen.

Auch Coco Chanel gehörte dazu. Sie war von der Uniform des Liftboys so angetan, dass sie sich davon zu ihrer berühmten Chanel-Jacke inspirieren ließ. Coco Chanel war in den 50er Jahren bereits ein lebender Mythos.

Genauso wie Clark Gable, der wahrscheinlich verführerischste Beau des glamourösen Hollywood. Gable matchte sich gern mit Bing Crosby beim Tennis oder Golf. Im Restaurant auf Schloss Mittersill hängt Gables Golftasche mit Tennisschläger. Leicht kann man sich ausmalen, wie der Schauspieler elegant servierte oder verschmitzt mit einem 9er-Eisen das Loch anvisierte. Die Gäste des mondänen Barons konnten hier viel erleben. Warum aber vergaß Clark Gable hier seine Golftasche? War er eventuell vom Winde verweht aufgrund einer amourösen Begegnung?

Adresse Schloss Mittersill, Thalbach 1, 5730 Mittersill, www.schloss-mittersill.com | **Anfahrt** vom Ortszentrum Mittersill über die B165 und die B161, die Alte Pass Straße bis zur Schlosseinfahrt links fahren | **Öffnungszeiten** Restaurant: Mi–So 12–13.45 und 18–20.30 Uhr | **Tipp** Ein paar Schritte von Schloss Mittersill entfernt steht das sogenannte »Neidhäuslwirtshaus«. Während die Bauern auf Auskünfte des Pflegeamts warteten, wurden sie mit Brot und Wein verköstigt, was den Bürgern nicht passte.

56 Der Hexenstein

Als die Inquisition zu Verfolgung und Mord führte

Es ist kein positives Zeugnis für die Menschheit, dass Heinrich Kramers Buch »Hexenhammer«, aufgelegt im Jahr 1486, bis gegen Ende des 17. Jahrhunderts rund 30 Auflagen erlebte. Darin sind Handlungen beschrieben, die zur Identifikation sogenannter Hexen und Zauberer führen sollen. Weit über den Pinzgau hinaus erregte besonders der Prozess gegen den Bramberger Pfarrer Rupert Ramsauer und die Pfarrersköchin Eva Neidegger Aufsehen. Sie wurden anfangs des Wettermachens bezichtigt. Im Zuge mehrerer peinlicher Verhöre gestanden sie dieses und andere Vergehen. Allein die unterstellten Straftaten lesen sich wie Grotesken. Die Pein (also der Schmerz) wurde etwa durch die Daumenschraube oder das Aufziehen verursacht, die viele Verhörte zu falschen Aussagen zwangen, nur um das Martyrium rasch zu beenden.

Im Felberturmmuseum steht der sogenannte Hexenstein. Er fand sich früher in der Nähe von Burgwies am Fuß des Dürnbergs und markierte die Richtstätte, den Galgenrain.

Auch die Verurteilten Neidegger und Ramsauer wurden am 18. März 1575 dort verbrannt. Sie waren Opfer einer Sündenbock-Mentalität geworden, die dem Volk vermeintliche Entlastung verschaffte und ihre ganze Anziehung aus der Erniedrigung anderer erfuhr. Die Obrigkeit tat sich mit ihrem Handeln jedoch keinen Gefallen, denn erst der Prozess legitimierte die Angst vor der Gefahr. Da mit Ramsauer ein Vertreter der Kirche als mit dem Teufel im Bunde stehend verurteilt wurde, wuchsen der Argwohn gegenüber Autoritäten und die Denunziation.

So groß die Not durch die misslichen Ernten, Hagel und Unwetter auch war, so irrational war die Suche nach den Ursachen. Freilich änderten die Hinrichtungen nichts an den Launen der Natur – wer die Wankelmütigkeit des Klimas besser verstehen will, sollte die Wechselwirkung zwischen fossilen Energieträgern und der Kohlendioxidkonzentration studieren und gegen diese Art der Wettermacherei aktiv sein.

Adresse Museumstraße 2, 5730 Mittersill | Anfahrt vom Stadtzentrum Mittersill in den Rainerkai, über den Felber Bach direkt in die Museumstraße | Öffnungszeiten siehe www.museumswelten-hohetauern.at/felberturmmuseum-mittersill | Tipp Im angrenzenden Bauernhaus wird der Alltag der Bauern, die oftmals auch Säumer waren, dargestellt. Das ehemalige, 1609 errichtete Schulgebäude daneben ist auch eine Spielwerkstätte.

57 Die Hubbrücke

So schlägt man der Salzach ein Schnippchen

Üblicherweise errichtet man Hubbrücken, damit Schiffe problemlos passieren können. In Mittersill wurde 2019 eine Hubbrücke eingeweiht, die der eigensinnigen Salzach trotzt. Denn die Lebensader des Pinzgaus bleibt unberechenbar. Hochwasser ist eine seit Jahrhunderten zermürbende Herausforderung für den gesamten Oberpinzgau. Das Wasser führt oft gefährliches Treibgut. Wird die Hubbrücke zum technischen Wahrzeichen Mittersills?

Vermutlich ist sie das schon. Immerhin symbolisiert die Brücke den sicheren und historisch begründeten Handelsweg, der die natürlichen Gefahren zu meistern hilft. Im Notfall kann die Brücke beinahe zwei Meter gehoben werden. Dazu dient eine intelligente Technik aus dem Pinzgau. Ausgeführt wurde die Brücke von der Firma Oberhofer Stahlbau. Die architektonische Raffinesse stammt von Ulrich Stöckl. Auf jeder Seite der Brücke stehen links und rechts Pylonen, das sind seit der Antike gebräuchliche Pfeiler. Viel müssen sie stemmen.

Jede einzelne Pylonhülle weist 255 massive Stahlplatten in Dreiecksform auf und 133 Rahmen für einen verglasten Teil, der Transparenz und somit einen Einblick in das Innenleben ermöglicht. Mit einer imposanten Höhe von neun Metern übertreffen diese Stützen manche Nachbarhäuser. Diese Höhe forderte auch Oberhofer Stahlbau. »Wir haben die Pylonhüllen schließlich liegend vorgefertigt, denn unsere Halle war dafür einfach nicht hoch genug«, erklärt Geschäftsführer Albert Schermaier. Immerhin müssen die Pylonen 260 Tonnen hochheben, denn genau so viel wiegt die Hubbrücke. Dennoch wirkt diese Architektur nicht erdrückend. »Die Kombination von transparenter und massiver Pylonhülle macht die Stützen schlanker und animiert dazu, sich mit dem Innenleben zu befassen«, verrät Architekt Stöckl. Das technische Glanzstück beweist: Architektur schafft Lösungen, setzt fast beiläufig ein neues Markenzeichen und sorgt für nachhaltige Ökonomie.

Adresse Zellerstraße, 5730 Mittersill | Anfahrt auf der B165 zum Bahnhof Mittersill, Brücke direkt davor | Tipp Direkt neben der Hubbrücke steht eine Nepomukfigur. Der heilige Nepomuk gilt als Brückenheiliger, und angesichts zunehmender Hochwasser ist zu befürchten, dass er in Zukunft noch mehr Arbeit haben wird.

58 Die Pinzgauer Saumpfade

Ausdauernde Noriker-Pferde mit erlesenen Lasten

Hätte doch Hannibal bloß ein paar Noriker im Tross gehabt! Aber nein, mit den schwerfälligen Elefanten musste der Karthager über die Alpen gegen Rom ziehen. Das konnte ja nicht gut gehen. Die Saumtiere der sogenannten Säumer hingegen waren Pferde, Maulesel oder der eigene Rücken. Vom althochdeutschen Wort *soum* für Last leitet sich die Bezeichnung ab. Insbesondere der Pass über die Felbertauern mit knapp 2.500 Meter Höhe bot sich an, um die herausfordernden Alpen zu überqueren. Schon in der Jungsteinzeit war dieser Übergang frequentiert und später erst recht. Vor allem im Mittelalter brachten die Säumer oder Samer, wie sie hier auch genannt werden, wichtige Güter ins Land und exportierten regionale Erzeugnisse. Umgangen wurden so die Länder der Habsburger und damit hohe Zölle. Am Ende der Felbertauernstraße entstand eine bedeutende Säumerstation. Bald wuchs das Handels- und Verkehrszentrum zum Markt. Schließlich erhielt der Ort Stadtrecht, und seitdem gilt Mittersill als ungekrönte Hauptstadt des Oberpinzgaus.

Die Noriker-Pferde waren erprobte Lastrosse, mussten sie doch bis zu 168 Kilogramm an Waren transportieren. Angesichts der Höhenunterschiede und der Wegstrecken eine Prüfung für willensstarke Tiere. Gleiches galt für die Menschen mit prall bepackter Buckelkraxe, mit welcher täglich bis zu 35 Kilometer zu meistern waren. Der Einsatz lohnte sich. Die sogenannte Venedigerware wie Samt, Seide, Südfrüchte oder Tabak war auch nördlich der Alpen heiß begehrt. Mit Karawanen von bis zu 30 Tieren konnte viel befördert werden. Wein durfte natürlich nicht fehlen. Im Süden wiederum verlangte man nach dem unverzichtbaren Salz, um Lebensmittel haltbar zu machen, oder begehrte Leder und Kristalle. Oft stärkten sich die alten Spediteure in der Meilinger Taverne im Stadtzentrum – die lateinische Bezeichnung »Taberna« ist selbst ein Stück Kultur, das eine neue Heimat gefunden hat.

Adresse Meilinger Taverne, Stadtplatz 10, 5730 Mittersill | Anfahrt mitten im Ortszentrum | Öffnungszeiten Do–Di 10–15 und ab 17 Uhr | Tipp Wer das authentische Saumerlebnis sucht, sollte zu einem der vier Tauernhäuser im Gebiet der Felbertauern wandern. Manche haben noch immer das Charisma von damals.

59 Der Spiegel im Bräurup

Wenn dem Kunden keine Auskunft erteilt wird

Das Hotel Bräurup in Mittersill hat einige spannende Geschichten zu bieten. Einerseits weist es das größte zusammenhängende privat betriebene Fischwasser in ganz Österreich auf und offeriert damit Angelfreudigen die ganze Palette des asketischen Abenteuers: Ob Fliegenfischen, Belly-Boat-Angeln, Gebirgsbach-Fischen oder Stillwasser-Fischen, alles ist möglich. Mit einer 130 Kilometer langen Hausstrecke und 8 Seen in der unmittelbaren Umgebung ist für Abwechslung gesorgt, und der hoteleigene Fischer-Shop liefert die passende Ausstattung dafür.

Warum aber der Bräurup in dieses Buch gekommen ist, hat vor allem mit der legendären »Bräurupin« Maria Schwaiger zu tun, einer Vorfahrin der Familie Gassner, die das Haus heute betreibt. Diese resolute Frau war mit 49 Jahren Witwe geworden und musste den Gasthof Bräurup ganz allein betreiben. Wäre es nur der Gasthof gewesen! Es galt, die Landwirtschaft, ein Sägewerk, eine Mühle und die angesprochenen Fischwasser von Niedernsill bis Krimml zu führen. Heute würden dafür gleich mehrere CEOs eingestellt. Die Bräurupin meisterte die Wirtschaftspflichten, zeigte ihren Wohlstand jedoch nie.

Als sie einmal in der einfachen Pinzgauer Tracht im noblen Zentrum der k. u. k. Monarchie flanierte, wurde sie schlicht ignoriert. Sie fragte in einem Antiquitätengeschäft nach dem Preis für einen Spiegel. Doch der manierierte Verkäufer am Wiener Graben meinte wohl, dass eine derart alpenländisch gekleidete Person ohnedies nicht in der Lage sei, diesen zu erwerben. Das erzürnte die Bräurupin derart, dass sie den Spiegel mit ihrem Stock zerschlug und rief: »Jetzt wirst ma wohl sag'n, was der Spiegel kostet!«

Der mittlerweile restaurierte und von der Bräurupin erworbene Spiegel ist heute im Restaurant, und zwar im Gang neben der Rezeption, zu bewundern. Wer die Geschichte dazu kennt, blickt vielleicht eine Spur demütiger auf sein Spiegelbild.

Adresse Hotel-Restaurant Bräurup, Kirchgasse 9, 5730 Mittersill, www.braurup.at | **Anfahrt** auf der B165 ins Zentrum und bei der Kirchgasse abbiegen | **Öffnungszeiten** Restaurant mit Biergarten: täglich 11.30–14 und 17.30–21.30 Uhr | **Tipp** Gegenüber liegt die Pfarrkirche St. Leonhard, die unter anderem wegen ihrer Glasmalereien aus dem 19. Jahrhundert bekannt ist.

60 Das Wasenmoos

Im Moor geht's richtig rund

Der Hund von Baskerville hat das Dartmoor weltberühmt gemacht. Die Geschichte, die das Wasenmoos bei Mittersill ebenso bekannt machen könnte, muss erst noch geschrieben werden. Vielleicht existiert sie deshalb nicht, weil man sich für keinen Hauptdarsteller entscheiden konnte?

Zu viele exquisite Spezies aus Fauna und Flora buhlen um Aufmerksamkeit. Denn dieses Moor auf einer Seehöhe von 1.200 Metern über der Adria bietet vielen Raritäten eine Bühne. So sind hier alle drei in Österreich heimischen fleischfressenden Pflanzen – Sonnentau, Fettkraut und Wasserschlauch – auf der Suche nach achtlosen Fliegen und anderen lebensmüden Insekten. Diese Suche ist meist bequem, muss die Pflanze doch bloß auf die Speisen warten, die ihr buchstäblich in den Mund – die Tentakel – fliegen.

Harmlos für Groß und Klein hingegen sind Begegnungen mit dem Moor-Wiesenvögelchen. Auf ein Zwitschern würde man bei dieser seltenen Schmetterlingsart, die in Deutschland als ausgestorben gilt, allerdings vergeblich warten. Über Jahrhunderte wurde im Wasenmoos Torf abgebaut, bis der Abbau 1963 geschlossen wurde. »Wasen« ist eine Bezeichnung für ein Rasenstück sowie den Torfziegel selbst, und »Moos« bezeichnet den hohen Torfmoosanteil des Moors. Die sogenannte Ramsar-Konvention schützt paradiesische Feuchtgebiete, die für den Erhalt vieler Arten essenziell sind. Das Wasenmoos am Pass Thurn in den Kitzbüheler Alpen ist Teil dieser Ramsar-Konvention.

Die Art, die damit auch erhalten wird, sind wir selbst: Denn Moore sind Kohlendioxidspeicher. Studien belegen, dass die Moore weltweit doppelt so viel CO_2 speichern wie alle Wälder. Da spaziert man gleich mit einem Lächeln einen der Lehrpfade entlang und bestaunt vielleicht die arktische Smaragdlibelle! Im Gegensatz zum Hund von Baskerville hätte dieses Symboltier die sympathische Eigenschaft, ungefährlich und um so vieles eleganter zu sein.

Adresse Parkplatz Tauernblick, 5730 Mittersill | Anfahrt von Mittersill auf der B161 (Pass-Thurn-Straße) bis zum Parkplatz Tauernblick | Öffnungszeiten Frühjahr – Herbst | Tipp Vor dem Zugang zum Hochmoor Wasenmoos bietet die Aussichtsplattform Pass Thurn ein atemberaubendes Panorama der Hohen Tauern.

61 Das Panzl-Denkmal

Weshalb Denkmäler viel über den Zeitgeist erzählen

Unbestritten war der 1786 in Mühlbach bei Bramberg geborene Johann Panzl ein tapferer Mann, der seine Heimat keinem Despoten überlassen wollte. Unglücklicherweise fiel sein Leben in eine Ära gravierenden Umbruchs. Salzburg war ein Spielball der europäischen Mächte. Während sich das habsburgische Österreich mit vielen Verbündeten im Dritten Koalitionskrieg gegen Napoleon stellte, waren die Bayern plötzlich aufseiten Bonapartes.

Der nicht einmal 20-jährige Panzl verließ 1805 seinen Lehrherrn, um am Pass Strub in der Kompanie von Hauptmann Hager gegen die Eindringlinge zu kämpfen. Nach dem Frieden zu Pressberg kehrte Panzl heim. Allerdings hatte sich sein Vater in Matrei niedergelassen, wohin auch der Freiheitskämpfer zog, um seine Arbeit als Bierbrauer auszuüben. Lange konnte er das nicht, denn Napoleon gab sich bekanntlich nicht mit Frankreich zufrieden, sondern setzte seine Feldzüge fort. So folgte die legendäre Schlacht an der Halbstundenbrücke, an welcher Panzl an der Seite von Wallner kämpfte. Trotz all der Auseinandersetzungen um den Pinzgau blieb Hans Panzl ein mit Zeugungskraft gesegneter Mann – aus zwei Ehen gingen in Summe 19 Kinder hervor.

Aufgestellt wurde dieses Denkmal, das zweifelsfrei einen autoritätskritischen Mann preist, genau 50 Jahre nach dessen Tod, und zwar im Jahr 1912. Das gibt zu denken, denn in ganz Europa kündeten die Heldendenkmäler vom erwachten Geist militärischer Begeisterung. In Krimml schuf man etwa 1909 das Denkmal für den legendären Anton Wallner, auch in Lofer und anderswo entstanden Denkmäler und Gedenktafeln. Höhepunkt der Erinnerungskultur war schließlich die Errichtung des Völkerschlachtdenkmals 1913 – 100 Jahre nachdem Napoleon in Leipzig vernichtend geschlagen worden war.

Dass ein Jahr später der nächste heillose Krieg Europa endgültig vom Thron der Welt stieß, regt zum Nachdenken über den Sinn von Denkmälern an.

Adresse Mühlbach 1, 5732 Mühlbach bei Bramberg | **Anfahrt** auf der Gerlosstraße (B165) bei der ersten Abzweigung rechts nach Mühlbach | **Tipp** Hinter dem Denkmal befindet sich seit 2000 das Informationszentrum des Vereins Bergbauforschung Bramberg. Das ursprünglich mit diesem historischen Verweserhaus Mühlbach ein Funktionsensemble (Lager, Gast- und Kantinenhaus) bildende sogenannte Verwalterwirtshaus – das Geburtshaus von Johann Panzl – dümpelt noch vor sich hin.

62 Die Kohr-Akademie

Jenseits von Maßlosigkeit und Mittelmaß

Als Schirmherr der regionalen Idee im Nationalpark wurde 1980 Leopold Kohr gewonnen. Jener Philosoph, der mit seinem Hauptwerk »Das Ende der Großen« für eine Globalisierung der lokalen Kräfte statt der Konzerne plädierte.

Gegründet vom Landesbeauftragten Alfred Winter, kümmert sich der Kulturverein Tauriska genau darum: regionale Projekte mit menschlichem Maß. Dieser Name leitet sich von einem keltischen Stamm ab, wie vermutlich auch die Bezeichnung Tauern. Eine linguistische Interpretation verweist auf den Zusammenhang zwischen »taur« und Berg.

In aller Einfachheit: Kohrs Maxime ist die Suche nach gesunden Bezugsgrößen. Während in der Aufklärung etwa mit Adam Smiths Theorie der Arbeitsteilung die zunächst erfolgreichen Nationalökonomien entstanden und der Beginn der modernen Globalisierung zu verorten ist, so erhitzen sich im 20. Jahrhundert makroökonomische Debatten und polarisieren zwischen rein marktorientierten und staatlich intervenierenden Theorien. Kohr grenzt sich mit seinen Analysen von beiden ab. Griffig aufgearbeitet ist dieses Wissen in der 1973 publizierten Abhandlung »Small is beautiful« – verfasst vom Kohr-Freund Ernst Friedrich Schumacher.

Die praktische Anwendung der Kohr'schen Thesen im Sinne einer geistigen Dorferneuerung liegt heute in den Händen von Susanne Vötter-Dankl und Christian Vötter. Neben der Leopold-Kohr-Akademie in Neukirchen existiert in Salzburg ein Forschungszentrum, das sich mit den Ideen Kohrs befasst. Im alten Kammerlanderstall kamen einst zwölf Topmanager von IBM zusammen, um sich von Kohrs direkter Art inspirieren zu lassen. Er prophezeite, IBM werde an seiner Größe zerbrechen. Die sechs jungen Manager waren begeistert, die sechs alten weniger. IBM ist nicht zerbrochen, aber heute agiler, weil aufgeteilt in viele Units, die autonom entscheiden und Strategien entwickeln: Zentralismus ist nach Kohr eines der Grundübel.

Adresse Künstlergasse 15a, 5741 Neukirchen am Großvenediger, www.tauriska.at/kohr | Anfahrt von der B165 rechts in die Wildkogelstraße, dann links in die Künstlergasse | Öffnungszeiten Veranstaltungen und Infos siehe Webseite | Tipp Gar nicht weit weg ist das Schloss Hochneukirchen. Einst mutmaßlich von Walter und Jakob von Neukirchen errichtet, dient es heute als Altenheim – auch das kann als eine sozial verantwortungsvolle Redimensionierung im Sinne von Leopold Kohr verstanden werden.

63 Die Scheffaukapelle

In der Mitte des »Neukirchner Kapellenwegs«

Die Idee zum »Neukirchner Kapellenweg« ist nicht nur einem touristischen Impuls zu verdanken. Erst durch die Verbindung der losen Kapellen wird klar, welchen Nutzen Kapellen in der oft übermächtigen Natur stiften. Wie ein schützendes Netz legt sich der Kapellenweg über Neukirchen und seine Umgebung.

Die Scheffaukapelle sieht aus der Ferne eher wie ein Vorratshäuschen aus. Doch die bescheidene Größe, das diskrete Christuskreuz und ihre vier mit Holzschindeln verkleideten Außenwände machen bei näherer Betrachtung aufmerksam. Schattseitig gelegen, ist diese Hülle der beste Schutz gegen Wind und Wasser. Im Inneren wartet eine barocke Madonna, die zweimal dem Feuer entkommen ist: 1916 und 1979 brannte die Kapelle aus. Die Madonna musste restauriert werden. Ihr markantes, lang gezogenes Gesicht mit dem leichten Doppelkinn und die nachdenkliche Neigung des Kopfes vermitteln den Eindruck, dass hier jemand etwas überstanden hat. Ein reizvoller kunsthistorischer Anachronismus ist die allegorische Darstellung der Tugend über dem rechten Kapellenfenster: Drei Mädchen mit ernstem Blick repräsentieren Glaube, Hoffnung und Liebe – versinnbildlicht durch Kreuz, Anker und ein Flammenherz. Während Glaube und Hoffnung ihre Blicke gegen den Himmel richten, schaut einen die Liebe direkt an. Zum Wesen der Allegorie gehört das »eindringliche Sprechen«.

Wie hast du es mit der Liebe? Diese Frage bewegt und begleitet einen auf dem Weg von Kapelle zu Kapelle. Vielleicht ist die Kapelle, die den Bewohnern des Weilers immer noch als Andachtsort dient, eine gute Werbung für diese Tugend. Denn Tugend bedeutet letztlich nichts anderes als die Betrachtung, wozu etwas taugt. Die Kapelle liegt ziemlich genau in der Mitte der beiden Ruinen Friedburg und Hieburg. Als mittelalterliche Festungen errichtet, sind beide längst dem Verfall preisgegeben, während die kleine Scheffaukapelle im Idealfall erhebt.

Adresse Scheffau 123, 5741 Neukirchen am Großvenediger-Sulzau | **Anfahrt** von der B165 in die Rosental Bundesstraße 72, über den Setzenbergweg bis zur Abbiegung Scheffau, danach noch circa 400 Meter | **Tipp** Die Burgruine Friedburg steht auf einem Felsen, der nach Norden etwa 60 Meter überhängend abfällt. Aber von einer Seite kann man durch den dichten Wald und durch sehr steiles Gelände nahe an die verbliebenen Relikte gelangen.

64__Das Noriker-Pferdemuseum

In Erinnerung an Laura

Es gibt Momente, da haben selbst gestandene Männer Tränen in den Augen. Etwa wenn das geliebte Pferd an der schmerzhaften Hufkrankheit »Rehe« leidet und zum Schlachter gebracht werden muss. So erging es Ernst Scherer, dem Gründer des Museums, mit seiner Norikerstute Laura.

Ein lebensgroßes Modell von Laura empfängt die Besucher seither gleich beim Hereinkommen und vermittelt einen Eindruck von der Statur dieser kräftigen Pinzgauer Rasse. Auch vor dem Eingang sind Laura und Ernst gemeinsam in einer kunstvollen Schnitzarbeit von Bert Wimmer verewigt. Ernst, der das Museum bis heute betreut und Besucher mit Witz, Charme und Anekdoten durch die Ausstellung führt, zeigt seine sentimentale Seite, wenn er von diesem besonderen Tier spricht. Da es aber in einem Museum nicht um Gefühle geht, sondern vor allem etwas gelernt werden soll, sind gleich neben Laura zahlreiche Varianten von Hufeisen ausgestellt, darunter historische ebenso wie ein orthopädisches Modell, das der Stute helfen hätte können, wenn der Vorbesitzer die Krankheit rechtzeitig erkannt hätte.

Um Pferde ihrer Art entsprechend zu behandeln, muss der Mensch lernen, sie zu verstehen. Deshalb wird anhand zahlreicher interaktiver Stationen nicht nur theoretisches Wissen rund um die traditionelle Pinzgauer Kaltblutrasse vermittelt, sondern auch die Perspektive des Pferdes erlebbar gemacht. Einzigartig ist die Pferdeoptik-Brille, die Ernst in langer Tüftelei konstruiert hat und die dabei helfen soll, sich besser in die sensiblen Fluchttiere einzufühlen. Es handelt sich hierbei um eine Art Ferngucker mit präzise platzierten Rückspiegeln, der das Gesichtsfeld eines Pferdes simuliert. Wenn Sie hindurchschauen, können Sie gleichzeitig nach vorne und nach hinten sehen. Wird Ihnen dabei mulmig? Dann verstehen Sie in Zukunft vielleicht besser, wie Sie sich einem Pferd nähern müssen, ohne es zu erschrecken.

Adresse Kirchgasse 1, 5722 Niedernsill, www.museumswelten-hohetauern.at/norikermuseum-niedernsill | **Anfahrt** auf der B168 beim Kreisverkehr »Pferde Sprung« in die Niedernsiller Straße, über die Salzach und rechts rund 100 Meter in die Salzachstraße | **Öffnungszeiten** siehe www.museumswelten-hohetauern.at/norikermuseum-niedernsill, Auskunft bei Dr. Angelika Gautsch unter Tel. 0664/1253938 | **Tipp** Als weiteres Steckenpferd befindet sich über dem Norikermuseum das Mundartarchiv, das eine einzigartige Sammlung an Literatur und Tondokumenten rund um die Pinzgauer Dialekte beherbergt (Besichtigung auf Anfrage bei Frau Gerlinde Allmayer unter Tel. 0664/5878354).

65 Die Lamprechtshöhle

Die tiefste Durchgangshöhle der Welt

Wenn die roten Lichter und die schrillen Sirenen angehen, ist es an der Zeit, die Höhle rasch zu verlassen. Erfreulicherweise passiert das äußerst selten. Aber man kann sich schon vorstellen, wie ungemütlich es in dem knapp fünf bis sieben Grad Celsius kalten Naturgewölbe werden kann, wenn dann auch noch der Wasserpegel steigt. Es reicht ja, die vielen Stufen hinauf- und dann wieder hinunterzusteigen. Man mag sich gar nicht vorstellen, wie in der nach dem Ritter Lamprecht von der Burg Saaleck benannten Höhle die Menschen einst im Dunkeln tapsten. Ritter Lamprecht übte den damals verbreiteten Beruf des Raubritters aus und starb in Folge eines Arbeitsunfalls. Nicht wenige haben in der Höhle einen geheimen Schatz vermutet.

Immer wieder waren es Abenteurer und Entdecker, die hierhergekommen sind. Die vielen gefundenen Skelette weisen darauf hin, dass nicht allen der Ausstieg gelang. Heute ist alles wunderbar beschriftet und beleuchtet. Der Schatz, der hier zu finden ist, ist pure Erkenntnis. Nämlich über die Unruhe der Gesteine. Nicht umsonst heißt ein Teil Passauer Dom, um die Größe mancher Hohlräume zu verdeutlichen. Kontinuierlich sorgen die aktiven Wasserläufe für eine architektonische Umgestaltung des geologischen Ensembles.

Nachdem 1993 polnische Höhlenafficionados in 2.178 Metern über dem Meeresspiegel den lang gesuchten zweiten Eingang fanden, stand fest: Die Lamprechtshöhle ist die derzeit tiefste Durchgangshöhle der Welt. Auch wenn die Schauhöhle nur ein kleiner Teil des insgesamt über 60 Kilometer langen Systems ist, vergisst man dieses Erlebnis kaum. Es ist eine Begegnung mit einer fernen Vergangenheit: Vor zwölf Millionen Jahren entstanden die ersten Stockwerke der Lamprechtshöhle.

Übrigens soll Ritterfräulein Nimmersatt im Teilabschnitt Frauenhöhle den Schatz ihres Vaters versteckt haben. Aber Achtung: Sie soll sich in Begleitung eines glutäugigen Hundes befinden.

Adresse Obsthurn 28, 5092 St. Martin bei Lofer-Obsthurn | Anfahrt auf der B311 von St. Martin nach Weißbach, Parkplatz vor dem Höhleneingang | Öffnungszeiten Mai–Nov. 8.30–19.30 Uhr, Führungen im Forscherbereich der Höhle Dez.–Feb. | Tipp In Weißbach bei Lofer liegt die atemberaubende Seisenbergklamm. Am Ende der letzten Eiszeit vor rund 12.000 Jahren begann das Wasser dieses Naturdenkmal zu schaffen.

66 Der Steinzeit-Erlebnisweg

Etwas lernen aus der harten alten Zeit

Der Ödenbach frisst sich seit Jahrtausenden durch den Stein. Deshalb ist die Vorderkaserklamm entstanden. Wie gefräßig der Bach ist, beweisen die 80 Meter Tiefe der Klamm. Jahr für Jahr schleift das unermüdliche Wasser weitere sechs Millimeter vom Gestein ab. Schmal ist sie und bietet pausenlos atemberaubende Blicke in die Höhe, wo sich dann doch das Sonnenlicht zeigt. Schon im 19. Jahrhundert wurde diese Klamm zugänglich gemacht. Jedes Frühjahr braucht es emsige Handwerker, damit die Folgen der Witterung ausgebessert werden. Auf dem Weg zur Vorderkaserklamm ist ein Steinzeit-Erlebnisweg geschaffen worden, der Kindern viel Freude bereitet, aber auch Erwachsenen, die das Kind in sich freilassen.

Mit dem Abschmelzen des Gletschereises vor gut 12.000 Jahren begann die Natur zu dem zu werden, was heute bestaunt wird. Da ist es nur recht, einigen ausgestorbenen Superstars der Steinzeit zu einem Revival zu verhelfen. Martin Leitinger ist der Urheber dieser Figuren. Gleich neben der Bundesstraße ragt das zwölf Tonnen schwere Mammut aus dem Wald. »Ich habe unterschätzt, wie viel Aufwand das mit sich bringen würde«, bekennt der Künstler. »Am schlimmsten war das Fell. Ich habe einzelne Haarbüschel mit der Kelle in den Beton hineingeklatscht.« Etwas weniger Material benötigte der Säbelzahntiger, der dennoch einschüchternd brüllt. Mit den Kletter- und Seilstationen aus Holz lässt sich das Bewegungsbedürfnis leicht erfüllen. Der malerische Bach lädt an heißen Tagen zum Pritscheln ein. Am Ende des Weges befindet sich der Anfang. Nämlich der Zugang zur Vorderkaserklamm. Dort hockt gleich bei der Jausenstation Vorderkaser und neben dem Häuschen der Kassiererin »Scrat«, das steinzeitliche Eichhörnchen. Es sieht glücklich aus, obwohl sein Schöpfer verrät, dass das 150 Kilogramm schwere Tier beim Transport gestürzt ist. Ganz so wie sein tollpatschiges Vorbild in der Animationsfilmreihe »Ice Age«.

Adresse Vorderkaserklamm, Obsthurn 42, 5092 St. Martin bei Lofer-Obsthurn | Anfahrt auf der B311 von St. Martin nach Weißbach, bis zum Parkplatz mit dem markanten Mammut, dann zu Fuß etwa 1 Stunde über den Steinzeit-Erlebnisweg zum Klamm-Eingang | Öffnungszeiten Mai–Sept. | Tipp Was viele kaum ahnen: Im Pinzgau wachsen Orchideen. Auf den Wanderwegen rauf zur Hochkaser Alm kann man so manche Orchideenart entdecken.

67 Die gotischen Füchse

Wenn die Architektur Geschichtsunterricht erteilt

Man kann sich fragen, welche Tiere das Portal des Mitterwirts in Piesendorf schmücken. Wenn man nach einer erschöpfenden Wanderung beim Gasthaus neben der Pfarrkirche St. Laurentius Rast macht, ist das die zweite Frage nach der nach einem Erfrischungsgetränk. Am gotischen Portal sind unter dem spitz zulaufenden Bogen zwei Hände zu sehen. Die eine hält einen Bierkrug, die andere tippt mit dem Zeigefinger auf den Deckel des Krugs. Vielleicht eine Geste der Empfehlung? Jedenfalls symbolisiert sie den Freundschaftsbecher.

Darüber findet sich der Keutschacher Rübentaler. Unter Leonhard von Keutschach, von 1495 bis 1519 Erzbischof von Salzburg, wurde dieser Rübentaler geprägt. Seine Gestalt lässt an ein Wappen denken. Links und rechts davon scheinen die beiden Tiere an diesem Wappen förmlich zu knabbern. Es spricht viel dafür, dass es Füchse sind, denn eine frühere Besitzerfamilie hieß Fuchs.

Schlau ist es auf jeden Fall, hier einen Gasthof zu betreiben. Eine erste urkundliche Erwähnung stammt aus dem Jahr 1358. Damit ist der Mitterwirt einer der ältesten noch in Betrieb befindlichen Gasthöfe des Pinzgaus. Eberl der Wisenton, Wirt zu Puesendorf, besaß die »Wirtsgerechtsame« auf sein Haus. Die Gerechtsame ist eine veraltete Bezeichnung für eine Berechtigung, ein Nutzungsrecht oder Privileg. Heute würde es Konzession heißen.

Der vordere Teil des Hauses wurde – wie die Jahreszahl unter den Füchsen dokumentiert – 1558 erbaut. Im zweiten Stock ist ein sogenanntes Bischofszimmer eingerichtet. Schließlich war der Mitterwirt ein begehrtes Quartier auch für hochrangige Gäste. Bis zur Fertigstellung der Pinzgauerbahn 1898 gab es hier eine Pferdestation auf der Strecke Salzburg–Innsbruck–Brenner–Italien. Wer nachfragt, darf womöglich die alte Holztafel mit der Chronik sehen, die nach der letzten Renovierung aus dem Flur in einen Abstellraum verbannt wurde.

Adresse Dorfstraße 44, 5721 Piesendorf | Anfahrt von Zell am See auf der Mittersiller Straße (B168) bis zur Kreuzung Dorfstraße | Öffnungszeiten Mi–Mo 10–23 Uhr, Di Ruhetag | Tipp Beim alten Kastecherhaus gegenüber dem Mitterwirt ist eine barocke Baldachinfigur zu entdecken, die den heiligen Nepomuk repräsentiert.

68 Die Michaelskapelle

Seccomalerei in der St.-Laurentius-Pfarrkirche

Als man Anfang der 1990er Jahre die Michaelskapelle restaurierte, hoffte man, einen kunsthistorischen Schatz zu bergen. Schließlich ist bekannt, dass hinter dem Neuen das kostbare Alte seiner Wiederentdeckung harrt. So war es auch hier. Giorgio Vasari – gewissermaßen der Begründer der Kunstgeschichte – hatte mit dem abfällig gemeinten Begriff »Gotik« eine ganze Kunstrichtung als barbarisch klassifiziert, vor allem um der Renaissance noch mehr Geltung zu verschaffen. Wenn man aber die spätgotischen Seccomalereien in der Michaelskapelle sieht, dann weiß man einmal mehr, wie haltlos dieser Angriff war. Die behutsam freigelegten Szenen von Christus, Maria und einigen Heiligen zeigen hohe Kunstfertigkeit. Dabei war die Rekonstruktion alles andere als einfach. Das Schicksal teilt dieses Kunstwerk etwa mit dem »Letzten Abendmahl« von Leonardo da Vinci, dem bestimmt berühmtesten Secco-Gemälde. Denn »a secco« bedeutet in der Malerei nichts anderes als, »aufs Trockene« zu malen, im Gegensatz zu »affresco« – eingedeutscht Fresko –, womit das Malen auf feuchten Kalkputz gemeint ist, der sich verlässlicher mit der Farbe verbindet und so länger hält.

Bevor die aus der Mitte des 15. Jahrhunderts stammende Michaelskapelle restauriert wurde, wusste man bereits von den Übermalungen. Schließlich war es in der Kirchenarchitektur Usus, dass mit neuen Kunstvorlieben neue Stilvorgaben wie die in Österreich häufig anzutreffende Barockisierung durchgesetzt wurden. Das Dilemma der Übermalungen war, dass damit oft ein Abspachteln einherging, wodurch die ursprüngliche Malerei sukzessive Schaden erlitt. Deshalb ist das Fragment, das jetzt in frischen Farben in der auratischen Kapelle leuchtet, umso wertvoller. Mit dem gotischen Kreuzgewölbe ist so die ursprüngliche Einheit wiederhergestellt. Kirchenbau im Pinzgau verbindet immer wieder stimmig Neues mit Altem.

Adresse Kirchenstraße 41, 5721 Piesendorf | **Anfahrt** auf der Dorfstraße bis zur St.-Laurentius-Pfarrkirche | **Öffnungszeiten** ganzjährig, Besichtigung der Michaelskapelle nach Vereinbarung unter Tel. 06549/7238 | **Tipp** Die Vögei-Bauernfamilie Bernsteiner im Ortsteil Walchen besitzt nicht nur ein wunderschönes altes Bauernhaus mit charakteristischer Wandmalerei, sondern betreibt auch eine seltene Norikerzucht am Vögeigut (auch Vögerlgut).

69 Das Stretch-Dirndl

Wie herzhaftes Essen und Mode zusammenpassen

Ohne Dirndl trifft man Regina Wienerroither praktisch nie an. Die Tracht ist für sie ein Lebensgefühl. Sie erlernte das Handwerk der Damenschneiderei und speziell die Trachtenherstellung von der Pike auf. So empfängt sie auch ihre Kundschaft im selbst designten Stretch-Dirndl. Ihre Erfindung lockt sogar Kunden aus Übersee an. »Dieses Modell unterstreicht sehr gut die Weiblichkeit«, erklärt die Designerin mit einem Lächeln, denn bei ihm passt sich der Stoff der jeweiligen Figur der Damen an und umschmeichelt elastisch den Körper. Ein Dirndl muss nicht unbequem und eng sein. Reginas Kreation war innovativ, das heimliche Nach-Luft-Schnappen im zu engen Mieder war passé, und das Büfett muss nicht mehr gemieden werden. Nach kurzer Empörung im Pinzgau über ihr Sakrileg, die Tracht so zu verändern, erlebten die feschen Modelle einen enormen Aufschwung.

Im edlen Landhausstil hat die einst jüngste Schneidermeisterin Salzburgs ihren neuen Betrieb in der Ramseiden in Saalfelden erbaut. Beim Eintreten fühlt man sich sofort wohl, alles atmet Tradition. Neben Trachtenmodellen aus bunten Stoffen, schönem Leinen oder glänzender Seide fällt der Blick auf eine alte Nähmaschine.

»Diese halte ich in Ehren«, verrät Regina, »hat doch schon meine Großmutter darauf genäht.« Nun dient sie dem Besucher als Tisch für den Begrüßungskaffee. Regina hat ihre Leidenschaft fürs Nähen bereits als Mädchen entwickelt. Aus Stoffresten fertigte sie einst unter Anleitung der Oma Kleidchen für ihre Puppen.

Was man heute für gewöhnlich als Oberteil eines Dirndls ansieht, wurde früher als Steppmieder unter dem Kleid getragen. Regina gibt ihr Wissen aus alten Aufzeichnungen an ihre Kinder weiter, die auch im Betrieb tätig sind. Alte Tracht modernisieren ist das Credo. Als »Königin der Tracht« bezeichnet, trägt sie im Logo das »W« des Nachnamens, versehen mit drei Krönchen. Ihr Vorname ist Programm.

Adresse Ramseiden 2a, 5760 Saalfelden-Ramseiden | **Anfahrt** auf der Loferer Bundesstraße beim Kreisverkehr Richtung Maria Alm, dann rechts zur Kirche, der Anton-Wallner-Straße folgen, nach links abbiegen zur Ramseiden | **Öffnungszeiten** Mo–Fr 10–18 Uhr, Sa nach Vereinbarung unter Tel. 06582/74997 | **Tipp** Das Bauernhaus Kaps aus dem 13. Jahrhundert, direkt nebenan gelegen, ist voller rarer Kostbarkeiten von früher und Handwerksprodukten von heute. Unter anderem können hier Körbe aus Seegras erstanden werden.

70_Das Erdzeichen

Ein Fuchs, der keiner Gans etwas tut

Geoglyphen heißen die markanten und großflächigen Gebilde, die vom Flugzeug aus immer mystisch wirken. Besonders bekannt sind die 1924 entdeckten, aus der Nazca-Kultur stammenden Zeichnungen in der Landschaft Perus. Meist kilometerlang erstrecken sich Linien und Kurven und ergeben Tierkörper und andere Formen.

Ein Fuchs mit großem Kopf blickt einen an, wenn man etwa zum Jugendgästehaus Mitterbrandhof hinaufgehen möchte. Ulrich Stöckl wollte bereits während seines Architekturstudiums die Landschaft gewissermaßen »tätowieren«. »Mystische Geschichten haben mich schon in der Kindheit begeistert. Insbesondere die Pinzgauer Sagen. Mit dem Leoganger Erdzeichen ›Der Müllerfuchs vom Gerstboden‹ konnte ich eine charismatische Sagenfigur in die Landschaft setzen.«

25 mal 30 Meter groß ist der seit 2009 sichtbare Fuchskopf aus traditionellem Pinzgauer »Giaschdn«-Zaun. Gebaut wurde dieser vom mittlerweile verstorbenen Josef Eberl. Immer wenn die Witterung dem Fuchs zusetzt, macht sich Stöckl auf den Weg, um die Silhouette wieder stilgerecht herzustellen. Dank einer Neonlicht-Installation ist der Fuchs auch nachtaktiv. Das macht Sinn, denn in der Sage vom Müllerfuchs wandelt die Seele des gotteslästernden Müllers als Fuchs ruhelos umher. Besonders in der Nacht soll er die Bevölkerung von Wiesersberg und Lenzig durch sein Geheul in Schrecken versetzt haben. Erst die Wallfahrt der Witwe des Müllers nach Maria Kirchental soll die Seele besänftigt und ihr den ewigen Frieden gebracht haben.

Es sind archaische Motive, welche die Bausteine von Sagen bilden. Es sind auch archaische Motive, die hinter Erdzeichen stecken: die Landschaft erzählen lassen. Die Erdzeichen entstehen auf unterschiedliche Weise: durch Bepflanzung, das Verlegen von Natursteinen, künstlich geschaffene Ausfurchungen, die Freilegung eines bestimmten Untergrundes oder – wie beim Fuchs deutlich – durch das Arbeiten mit Holz.

Adresse Steinbergstadion Leogang, Rosental 86, 5771 Leogang-Rosental | **Anfahrt** mit dem Bus 690 bis zur Station »Steinbergstadion«, dem Ausgangspunkt der Wanderung, oder auf der B164 ins Stadtzentrum und dann zu Fuß weiter | **Tipp** Unten in Hirnreit 91 präsentiert der »Kreativ Laden« der Holzkünstler-Familie Riedlsperger eine Fülle an Füchsen und anderen Objekten aus Holz. Sogenannte »Handschmeichler« sind besondere Souvenirs. Wer die kleinen Holzstücke massiert, kommt zur Ruhe.

71 Der Skulpturenweg

Ein interdisziplinäres Kunstprojekt

Wer diese blauen Räder sieht, der mag sich unvermittelt fragen, was denn das soll. Die Skulptur »WirbelGang« besteht aus drei einbeinigen Tischen, auf welchen wild in den Himmel ragende Stangen mit Rädern montiert sind. Sie ist Teil des Skulpturenradwegs Steinbergrunde. Diese Runde hat es in sich und verlangt Kondition auf unterschiedlichen Ebenen.

In Summe sind 24 Skulpturen zu sehen, die sich über fast 70 Kilometer verstreuen und auch den Osten Tirols einbeziehen. Entstanden sind die Objekte im Rahmen eines Großprojektes, das 2006 erstmals im Kopf von Werner Sandner reifte, dem Obmann des Vereins LeogangerKinderKultur. Möglichst viele Künstler aus verschiedenen Disziplinen sollten mit Kindern und Jugendlichen kreativ sein. So entstanden bei Schreibwerkstätten, etwa mit Peter Blaikner oder Georg Bydlinski, neue Sagen. Die Phantasie ist unerschöpflich, wenn man sie nur lässt. Beim »WirbelGang« handelt es sich um ein Dorf, in dem der Riese Leo mit seinen blauen Wundersamen für eigenwillige Bäume sorgt, bei denen die Baumkrone ein Rädermeer ist. Mit der Künstlerin Erika Inger wurden die Skulpturen des »WirbelGangs« verwirklicht. Das Kinderbuch zum Projekt weist 25 Geschichten auf. Insgesamt waren mehr als 500 begeisterte Kinder dabei. Jede Skulptur entlang der Steinbergrunde hat ihre eigene Geschichte, und mit den Schautafeln erschließen sich rasch die jeweiligen Sagen dahinter.

Den Verein gibt es mittlerweile nicht mehr, die Skulpturen sind jedoch Zeugen seiner Existenz in der Landschaft. Die Verbindung von Kultur und Natur war ein Kern dieser Initiative. Für die Kinder bot sich die Chance, auf ihre unmittelbare Umgebung einzuwirken. Dass der »WirbelGang« direkt neben dem Fußballplatz von Leogang liegt, kann man im Übrigen als Verpflichtung verstehen: Die Fußballer sollten über den Rasen wirbeln, denn Sport fasziniert erst dann, wenn er zu überraschen versteht.

Adresse Rosental, 5771 Leogang-Rosental | **Anfahrt** auf der B164 nach Leogang, Einfahrt Rosental | **Tipp** Was hat es wohl mit dem WolkenPelzTier auf sich? Wer wissen will, wie die Gerste wirklich in den Pinzgau gekommen ist, der findet bei der Skulptur in Lenzing die Antwort!

72 Die Einsiedelei St. Georg

Die Leistungsgesellschaft holt den Eremiten ein

An warmen Sommertagen geht es rund um die Einsiedelei am Palfen nordöstlich vom Stadtzentrum Saalfelden zu wie am Jahrmarkt. Ein Kommen und Gehen von Menschen, ein Trubel und ein Blitzlichtgewitter wie bei den Paparazzi. Seit mehr als 50 Jahren ist die Kapelle mit dem Bildnis des heiligen Georg neben der Eremitage ein Anziehungspunkt für Besucher.

Aber die Menschentrauben sind Ausnahmen, denn grundsätzlich ist die seit dem 17. Jahrhundert betriebene Einsiedelei Menschen vorbehalten, die auf fließendes Wasser und Strom verzichten können und asketische Einkehr suchen. Mit Thomas Pichler, einem Bauernsohn, wurde die Eremitage einst eröffnet. Über 350 Jahre lang blieb sie fast durchgehend besetzt. Bis heute. Für Aufsehen sorgte die traurige Geschichte um Karl Kurz. Dieser Einsiedler wurde 1970 mit Drohbriefen konfrontiert und erlebte gar ein Schussattentat. Insgesamt acht Projektile durchbohrten die Tür und trafen Mauer und Holz im Inneren. Wie durch ein Wunder kam Kurz mit dem Schrecken davon. Allerdings nicht lange. Von den Anfeindungen verstört, beging der Eremit Selbstmord. Später stellte sich heraus, dass ein abgelehnter Bewerber hinter den Aktionen stand. Nicht einmal eine Eremitage scheint Zuflucht vor den Zumutungen der Wettbewerbsgesellschaft zu bieten.

Das Ereignis überrascht umso mehr, wenn man weiß, dass die Einsiedler keinen Lohn erhalten. Im Rahmen der Georgimesse am 23. April wird ein Kandidat vom Pfarrer und vom Bürgermeister zum Einsiedler von Saalfelden ernannt. Die Eremiten leben im Übrigen nicht so zurückgezogen, wie man glauben möchte. Sie haben die Möglichkeit, in Saalfelden essen zu gehen. Darüber hinaus sind viele Einsiedler Ansprechpartner für Menschen, die sich einsam fühlen und Trost suchen. Der Weg ist nicht weit, aber malerisch. Auf knapp über 1.000 Meter Meereshöhe liegt das Refugium im dichten Wald.

Adresse Einsiedelei Palfen, 5760 Saalfelden | Anfahrt auf der B311 von Saalfelden nach Lofer, in die Anton-Wallner-Straße rechts einbiegen, nach 300 Metern links in die Lichtenbergstraße, weiter bis zum Parkplatz Einsiedelei, zu Fuß noch 20 Minuten | Öffnungszeiten am besten Mai–Okt. | Tipp Neben der Klause liegt eine Kapelle, deren Glocken die frühen Eremiten läuteten, wenn sie Feuer erspähten. Die Einsiedelei mit Blick auf Saalfelden war als Feuermelder in vergangenen Zeiten unverzichtbar.

73__Das Nexus

Rob Mazurek oder das Kornett am Morgen

Es waren einmal junge Liebhaber der Jazzmusik, die in Europa von Ort zu Ort tingelten. Mit wenig Gepäck und vielen Ideen. Irgendwann wollten sie den Reiseaufwand verringern und das Musikerlebnis steigern.

So kam die Idee auf, hier Raum für eine Musik zu schaffen, die man im Alpenraum selten zu hören bekommt. Angefangen hat es rustikal: im Pferdestall. Niemand ahnte damals, dass daraus eines der renommiertesten Festivals werden würde. Aber fürs Verwirklichen sind Träume ja schließlich da.

Jeden Sommer bietet das »Jazzfestival Saalfelden« Jazzgrößen eine Bühne im Pinzgau. Legendäre Geschichten inklusive. Da gab es den portugiesischen Schlagzeuger, der aufgrund eines Streiks der Fluglinien nicht pünktlich in Saalfelden sein konnte. Darum vertrat ihn im ersten Teil des Sets ein anwesender österreichischer Drummer. Bis er haarscharf zum Start des zweiten Teils unter mächtigem Applaus ins Congress Saalfelden stürmte. Da waren die fünf Strafzettel schnell vergessen, die der Fahrer des schnellsten verfügbaren Autos von Saalfelden auf der Fahrt zum Münchner Flughafen und retour eingesammelt hatte, um den Musiker dort abzusetzen, wo er hingehörte: am Schlagzeug.

Eine andere Bühne ist das mittlerweile im ganzen Land bekannte Nexus. Im Foyer des Konzert- und Veranstaltungshauses ist ein Bild von Rob Mazurek zu sehen. Der amerikanische Kornettist und Komponist kam einmal nach seinem Auftritt im Congress Saalfelden ins Nexus. Spontan spielten er und ein paar Musiker eine Session. Lange nach der Sperrstunde. »Die wollten einfach nicht nach Hause gehen«, erinnert sich Mario Steidl, der Intendant des Nexus und Kenner des Festivals vom ersten Saitenzupfen an. »Die haben auf Teufel komm raus gespielt und brilliert um sechs Uhr früh!« Der Teufel hat zusammengekniffene Augen und prall gefüllte Wangen. Das Bild im Foyer im Nexus lässt daran keinen Zweifel.

Adresse Am Postplatz 1, 5760 Saalfelden, www.kunsthausnexus.com | **Anfahrt** auf der B164, der Hochkönigstraße, bis zur Abzweigung »Am Postplatz« und ein paar Meter weiter | **Öffnungszeiten** Nexus Bar ganzjährig Di–Sa 17–24 Uhr und bei Veranstaltungen | **Tipp** Das Ferry Porsche Congress Center in Zell am See und das Congress Saalfelden – 200 Meter vom Nexus entfernt – sind die großen Veranstaltungshallen im Pinzgau: Konzerte, Lesungen, Diskussionen und vieles mehr finden dort das ganze Jahr über statt (www.congress-saalfelden.at).

74 Die Saalfelden Arena

Die vertrackte Geschichte von Grund und Boden

Oft erregt die Architektur von Fußballstadien Aufmerksamkeit. Bei der Saalfelden Arena ist es der Boden darunter. Die Reise führt sogar bis ins 6. Jahrhundert, als das Einforstungswesen entstand und nur das Land unmittelbar im Umfeld der Wohnhäuser im Grundbuch festgelegt wurde. Die Nutzungsrechte für die weiteren Flächen wurden als Wald- und Weideservitute bezeichnet. Beim Anlassfall ging es um eine Grundfläche von insgesamt 9,5 Hektar. Diese Fläche wurde Ende des 19. Jahrhunderts der Gemeinde zugerechnet, als das heute noch gültige Grundbuch erstellt wurde.

Der damalige Bürgermeister Alois Thalmeier berief sich auf eine 1556 ausgestellte Schenkungsurkunde des Fürsterzbischofs Michael von Kuenburg. Diese Urkunde stand allerdings im Widerspruch zu einer Regulierungsurkunde von 1868 und zum vorherigen Grundbuch, dem Hofurbar. Darin wurde eine Weidegenossenschaft von in Summe heute noch bestehenden 17 Rechtsnachfolgern verankert. Nur einer davon ist die Gemeinde.

Da die alte Sportstätte jedoch sanierungsbedürftig war und dringend eine neue Anlage benötigt wurde, plante man schon seit Langem ein richtiges Stadion. Um Rechtsstreitigkeiten zu vermeiden, wurde eine Teilablösung der Mehrheit der betroffenen Weideberechtigten erzielt. Allerdings stimmten drei dagegen. Deshalb wurde das bereits komplett geplante Sportzentrumsprojekt sofort gestoppt; dabei waren nur etwa 400 Quadratmeter der weidebelasteten Fläche betroffen. Nur ein verkleinertes Projekt wurde realisiert. Im Zuge der Ergänzungsregulierung wurde festgestellt, dass der Grund seit 1880 der Stadtgemeinde gehört. Die drei Rechtsnachfolger der Weidegenossenschaft betreiben übrigens seit Jahrzehnten keinen Bauernhof mit Kühen mehr. Der Ausspruch des Schülers in Goethes »Faust« wird durch diese für Saalfelden tragische Groteske pervertiert: »Was du schwarz auf weiß besitzt, kannst du getrost nach Hause tragen.«

Adresse Lichtenbergstraße 9d, 5760 Saalfelden, www.saalfeldenarena.at | Anfahrt von der B311 in die Anton-Wallner-Straße abbiegen, geht in die Lichtenbergstraße über | Öffnungszeiten ganzjährig nach Vereinbarung unter Tel. 0676/833305090 | Tipp Wer auf der Lichtenbergstraße weitergeht, kommt dem imposanten Schloss Lichtenberg immer näher. Dieses ist zwar in Privatbesitz, aber allein die Betrachtung der äußeren Anlage stimuliert die Phantasie.

75 Die Schläffer-Krippen

Die große Welt im kleinen Wohnzimmer

Angeblich begründete Franz von Assisi die Tradition des Krippenspiels. Die Tierliebe des berühmten Ordensgründers hat sicher dazu beigetragen, denn das Wort Krippe bedeutet von seinem Ursprung her »Stall«.

Im Pinzgau konnte selbst die aufklärerische Verbannung der Krippen aus den Kirchen dem lustvollen Basteln nichts anhaben. Bis heute befassen sich Krippenbauer andächtig mit Hütten, Figuren und Landschaften, welche die Welt en miniature in die Stube bringen. Von Advent bis Lichtmess am 2. Februar werden die Modelle aufgestellt, meist wird am Heiligen Abend das Christuskind hineingelegt. An die 30 Großkrippen hat Pionier Xandi Schläffer (1899–1984) neben Hunderten kleiner Krippen hergestellt. Eine davon soll heute sogar in Minnesota in einer Klosterkirche stehen.

Das Museum Ritzen zeigt einige herausragende Krippen des Meisters, insbesondere die Saalfeldner Heimatkrippe. Der Vergleich verdeutlicht: Auch die Krippenarchitektur war Moden unterworfen. Schläffer hat das Pinzgauer Brauchtum wie kein Zweiter in die Kulisse einbezogen. Das zeigt sich etwa an den Trachten der Figuren oder an charismatischen Erscheinungen wie dem Glogginger. Auf seinem schmächtigen Rücken ist eine Trage mit Brot angebracht, denn ein Glogginger war vor gut 100 Jahren ein Brotträger. Für die Schafe wurden beispielsweise Füße (Haxn) aus Lindenholz verwendet. Dabei sind die Vorderfüße an den Knien leicht geknickt. Die Hinterhaxn bleiben durchgestreckt. Diese Detailgenauigkeit berührt und schafft Panoramen des Pinzgaus in einer Fülle, wie es auf Gemälden selten gelingt. Dabei durchdringen heimatliche Alltagskultur und religiöse Themen einander. Schließlich sind Krippen dazu da, die Geburt des Erlösers zu feiern und das Ereignis zu verinnerlichen. Die Krippenkunst wird in Saalfelden hochgehalten. Thomas Innerhofer ist als Obmann des Saalfeldner Krippenvereins der ideale Ansprechpartner für künftige Krippenbauer.

Adresse Museum Schloss Ritzen, Museumsplatz 1, 5760 Saalfelden, www.museum-saalfelden.at | Anfahrt auf der Hochkönigstraße, der B164, nach Saalfelden und bei der Kreuzung in die Ritzenseestraße abbiegen, bis zum Museumsplatz fahren, Parkgelegenheit vor dem Museum | Öffnungszeiten Jan., Feb., Mai, Okt., Dez. Do–So 11 – 17 Uhr, Juni, Juli, Aug., Sep. Di–So 11 – 17 Uhr, April. und Nov. geschlossen; regelmäßig Seminare zum Krippenbau durch den Saalfeldner Krippenverein, Kontakt über Thomas Innerhofer unter Tel. 0650/4300275 oder per E-Mail: innerhof@yahoo.de | Tipp Die Thorer-Kapelle, wenige hundert Meter vom Museum entfernt, verweist auf die Vertreibung der Protestanten durch das Emigrationspatent vom 31. Oktober 1731. Tausende Pinzgauer mussten damals das Land verlassen.

76__Die Kaffeemanufaktur

Mit der Bohne auf Du und Du

Auf dem Weg zur Probat-Röstmaschine geht man am wohl einzigen Kaffeebäumchen im Pinzgau vorbei. Die Bohnen der Tridor Kaffeemanufaktur werden hauptsächlich per Hand gepflückt, denn die »picking method« liefert die beste Qualität und garantiert reife Kirschen. In Summe zwei Monate dauert die Erntezeit. Stephan Trixl kennt den Weg vom Anbau bis zur abgefüllten Packung genau. Von seinem Vater Reinhard hat er den Betrieb übernommen. Seit mehr als 30 Jahren sorgt der Probat-Trommelröster für exotischen Duft.

Diese Maschine röstet meist vormittags. Der Röstvorgang ist ein sinnliches Erlebnis. Das Gerät ist viel älter als das Unternehmen. Im Jahr 1952 hergestellt, hat die Probat schon unzählige helle Bohnen in magisch glänzende dunkelbraune Bohnen verwandelt. »Mein Vater hat das Gerät von Herrn Hainzl übernommen, der seinerzeit eher für den privaten Gebrauch geröstet hat«, erinnert sich Stephan. Bei konstanter Hitze von 200 bis 220 Grad Celsius entsteht in maximal 15 Minuten die gewünschte Röstung. Hier wird sortenrein geröstet, denn jede Bohnensorte hat ihre Eigenart. Beim Rösten sind alle Sinne aktiv. Optik, Temperatur und sogar das Hören verraten etwas über den Röstfortschritt. »Es baut sich starker Druck auf, und manchmal poppt es wie bei Popcorn. So weiß der erfahrene Röster, dass es langsam Zeit ist«, verrät Stephan.

Das Besondere an der ältesten in Betrieb befindlichen Röstmaschine des Pinzgaus ist, dass der Röstvorgang mittels Wärmeentzug endet, wodurch ein Nachrösten vermieden wird. In der Großindustrie kommt in der Regel Wasser zum Einsatz, wodurch die Bohnen an Charakteristik einbüßen. Sorgfältig wird die Probat monatlich von Schalenresten befreit. Einmal im Jahr wird sie zerlegt. So kann jedes Röhrchen gereinigt werden. Mit dem Bohnen-Importeur des Vertrauens und der gesunden Pinzgauer Milch schmeckt der Caffè Latte perfekt.

Adresse Areitstraße 5, 5700 Zell am See-Schüttdorf | **Anfahrt** in Schüttdorf auf der Flugplatzstraße bis zur Areitstraße, dort circa 100 Meter weiter | **Öffnungszeiten** Mo–Fr 8–16 Uhr, Sa 9–12 Uhr, Schaurösterei Mo–Fr vormittags, Anmeldung unter Tel. 06542/57576 | **Tipp** Wer dank Koffein richtig viel Energie verspürt, kann beim Flugplatz Zell am See in der Kaprunerstraße einen Panoramaflug buchen.

77 Die Wand der Hände

Was gestaltet und geschrieben hinterlassen wird

Beim Eingang zum Gymnasium Zell am See muss man gleich in den linken Gang gehen. Nach wenigen Schritten ist dort eine Wandinstallation zu entdecken. Es sind kleine und größere Handinnenflächen zu sehen. Verewigt ist der flüchtige Griff in das später ausgehärtete Material der Wandfliesen. Initiiert hat diese Kunstintervention an der blanken Mauer Bettina Grubbauer, die hier Lehrerin für bildnerische Erziehung war.

Ihre eigenen Hände, welche die Schüler geführt haben, suchten oft die Nähe zur Schreibmaschine, denn laut Tocher Pia Grubbauer schrieb ihre Mutter meist in der Nacht. Das Geklapper beruhigte das Kind, und die Mutter sortierte ihre Gedanken.

Die dabei entstandenen Texte blieben eine private Lektüre, ein Dialog einer Einzelnen mit ihrer Welt. Nach ihrem Tod meinte der amerikanische Germanistik-Professor Stuart Friebert, dessen Assistentin Bettina an der Akademie gewesen war, dass es Texte von ihr geben müsse, denn schon in den 70er Jahren hatte man ans Publizieren gedacht. Schließlich fand Pia einen Koffer am Dachboden. Sie öffnete diesen. Dutzende Gedichte und Texte fielen ihr entgegen.

Als Dichterin sollte Bettina aber unter ihrem Mädchennamen Elisabeth Schmeidel sprechen. Es ist eine Geschichte, wie sie oft passiert und selten erzählt wird: Jemand schafft etwas Ungewöhnliches, und keiner weiß etwas davon. Damit jedoch mehr Menschen erfahren, welche Gedichte am Feierabend entstanden sind, erschien 2018 – sechs Jahre nach ihrem Tod – ein Band im Münchner scaneg Verlag: »Stirngewächse herzverwurzelt«. »Wohin / leerst du die Zeit, wenn / die Sanduhr steckt / und / Wälder gerodet im Flussbett liegen?« Es sind kraftvolle Gedanken, die sich in dieser poetischen Collage finden. Die Spuren hinterlassen, die man entdecken muss und will. Wie in diesem Gang in der Schule, der zeigt, dass manchmal das Unscheinbare viel erzählt und die Hände mehr gestalten, als man ahnt.

Adresse Karl-Vogt-Straße 21, 5700 Zell am See-Schüttdorf | Anfahrt von der Brucker Bundesstraße auf Höhe des Hotels Alpenblick in die Karl-Vogt-Straße, über die Bahntrasse der Pinzgaubahn, dann noch 200 Meter | Öffnungszeiten bei Schulbetrieb | Tipp Gleich in der Nähe der Schule findet man die »Seelacke«, ein stimmungsvolles und inspirierendes Naturschutzgebiet. Flüstert das Schilf ein Gedicht?

78_Das Schaubergwerk

Unter Tage den Silberstreif entdecken

Heute schürft man virtuell nach Kryptowährungen, früher versuchte man, dem Berg seine wertvollen Rohstoffe manuell abzugewinnen. Wie sich das Leben eines Bergmanns angefühlt hat, kann man im Schaubergwerk Leogang im Schwarzleotal erfahren. Das ist bei durchschnittlich sieben Grad Celsius zunächst einmal frisch. Erwärmend sind die Geschichten, die man in den beiden seit 1989 auch für Besucher zugänglichen und nach Bergbauheiligen benannten Stollen zu hören bekommt.

Die heilige Barbara soll auf der Flucht vor ihrem Vater, der nicht akzeptieren wollte, dass seine Tochter Christin geworden war, Zuflucht in einem Versteck im Berg gesucht haben. Der heilige Daniel wiederum ist der einzige vorchristliche Bergbaupatron. Die oft gemalte Geschichte vom Sturz Daniels in die Löwengrube kann man als Gleichnis interpretieren, dass die Bergmänner vor den Gefahren im dunklen Berg verschont bleiben mögen, während Barbara den Weg zu den Schätzen offenbaren sollte. Wie mühsam das in Wirklichkeit war, machen einem die Führungen in dem Schaubergwerk begreifbar. Hier fand im Übrigen Salzburgs frühester Bergbau statt, schon vor über 3.200 Jahren gruben sich Menschen durch den Stein.

Seit 1400 wurden hier in größerem Umfang Silber und verschiedene Erze wie beispielsweise Kobalt abgebaut. Letzteres wurde in die ganze Welt exportiert. Eine frühe Form der Globalisierung, denn das Kobalt, mit dem auf der Glasinsel Murano das Glas blau gefärbt wurde, kam zwischen 1400 und 1800 ausschließlich aus Leogang. Insgesamt ein Kilometer des alten und komplexen Stollengeflechts ist heute begehbar. Das reicht auch, um wieder den Wunsch nach Sonnenlicht zu verspüren.

Auch wenn im Winter geschlossen ist, gibt es jedes Jahr eine Adventsveranstaltung. Dabei treffen Musikanten auf Geschichtenerzähler inmitten wärmenden Kerzenlichts und schaffen eine Atmosphäre, die die wenigsten Bergleute erlebt haben dürften.

Adresse Schwarzleo 3, 5771 Leogang-Schwarzleo | **Anfahrt** von Saalfelden durch Leogang, nach der Talstation der Asitzbahnen links in den Ortsteil Hütten, 200 Meter nach dem Ortsausgang am kleinen Rastplatz links abbiegen, von hier noch circa 3 Kilometer | **Öffnungszeiten** Juli–Sept. Di–So 10–17 Uhr, Mai und Okt. Mi–So 10–17 Uhr; Führungen speziell für Kinder und Zugfahrt mit der Grubenbahn möglich | **Tipp** Das Unterberghaus ist der Ausgangspunkt für die Führungen ins Schaubergwerk Leogang und lädt vor oder nach dem Besuch des Barbarastollens zum Verweilen ein. Das ehemalige Knappenhaus bietet aber auch Stärkungen für Wanderungen ins mystische Schwarzleotal.

79_Der Totentanz

Der Jedermann ist seit dem Mittelalter ein Thema

Der Tod ist ein Tänzer, der in jedem Fall die Führung übernimmt. Gleichgültig, ob es sich beim Partner um eine Frau oder einen Mann handelt. Auch kümmern ihn Alter, Herkunft, soziales Milieu oder Vermögen wenig. Der Totentanz ist ein religiös besetzter Begriff, der vor allem im Spätmittelalter aufgeladen war. Im Pinzgau findet sich die älteste Darstellung dieses universalen Themas im Land Salzburg. In der Kirche in St. Georgen ist das leicht verblasste Fresko zu sehen. Der spindeldürre Tod schreckt vor keinem zurück, auch einflussreiche Menschen nimmt er an die Hand. In diesem Fall sind es Bischof und Kaiser. Diese Bilder dürften in der Zeit um 1510 entstanden sein. Bei einer Visitation 1514 setzte der Bischof die Übermalung der Darstellung durch. Wer mag schon dem Tod ins Auge sehen?

Es handelt sich um eine frühe Personifikation des Sensenmannes, der im berühmten »Jedermann« von Hugo von Hofmannsthal seine Bühnenreife erzielte. Der Tod ist einer der wichtigsten Tourismusmitarbeiter in Salzburg, denn ohne »Jedermann« wären die Festspiele undenkbar. Vor allem dank dieser Aufführungen wurde das Salzburger Land weltweit bekannt. So ist beispielsweise Yves Rocher durch den Festspielbesuch mit dem Landeshauptmann in Kontakt gekommen und so in den Nationalpark und nach Hollersbach, wo in den 1980er Jahren der Kräutergarten entstand.

Der Kirchenpatron ist der Schutzheilige der Tiere. Deshalb findet am Georgitag, am 23. April, heute noch der Georgiritt statt, um Segen für die Pferde zu erbitten. Aus einer Aufzeichnung aus dem 15. Jahrhundert erfährt man, dass der Pfarrer dafür »Chelber und Lemmer« bekommen musste. Man opferte also lebende Tiere, um die anderen zu schützen. Heute dienen Holzfiguren als Schutz vor allem Bösen und sollen helfen, den Viehbestand zu erhalten. Die Opfergaben werden auf den Altar gelegt – zusammen mit einer Geldspende, sicher ist sicher.

Adresse Kirche zum hl. Georg, Kirchgasse 6, 5662 Bruck an der Glocknerstraße-St. Georgen | **Anfahrt** auf der Pinzgauer Straße (B311) von Bruck bis zur Steinbachstraße, dann ins Zentrum bis zur Kirchgasse | **Tipp** Der Heimatverein St. Georgen im Pinzgau betreibt in der Kirchgasse 3 ein entzückendes Museum für Sagen und Märchen (Anmeldung bei Gotthard Dick unter Tel. 0664/5748903, nur im Sommer geöffnet).

80 Maria Kirchental

Dankestafeln für glückliche Fügungen

Die Augen werden groß, wenn man den Kirchentalweg von St. Martin bei Lofer hinaufwandert. Plötzlich erwartet einen die ehrfurchtsvoll »Pinzgauer Dom« genannte Wallfahrtskirche Maria Kirchental. Als im 17. Jahrhundert die Kirche in St. Martin renoviert wurde, brachte der Bauer Schmuck ein spätgotisches Gnadenbild mit Madonna und Jesuskind aus der nunmehr barocken Kirche in das abgelegene Hochtal. Christus hält einen Stieglitz in der Hand und zeigt auf ihn. Der Stieglitz, auch Distelfink genannt, gilt als Symbol für den Opfertod. Verkürzt werden solche Darstellungen als »Stieglitz-Madonnen« bezeichnet.

Vögel wollen naturgemäß hoch hinaus. In der Waldkapelle ging das auch. Immer öfter kamen Menschen, um hier in dieser unvergleichlichen Naturarena mit hoch aufragenden Kalksteinfelsen und magischen Wäldern zu beten. Gerüchte von Heilungen entstanden. Zum Dank für die Genesung ließ man Bilder malen. Bald kam der Wunsch auf, eine Kirche zu errichten. Der berühmte Johann Bernhard Fischer von Erlach entwarf diese, obwohl er vermutlich das Tal nie betreten hat. Fleißige Handwerker der Gegend unter der Leitung des Baumeisters Stefan Millinger bauten die Kirche zwischen 1694 und 1701. Pilger wurden meist erfolgreich animiert, Material aus dem Tal mitzunehmen.

Heute stellen 1.200 restaurierte Votivtafeln den Schatz von Maria Kirchental dar. Es ist die größte gewachsene Sammlung Österreichs. Die Vielzahl stammt aus dem 18. Jahrhundert und zählt zur naiven Volkskunst. Es sind Dankesbilder, und fast immer ist die Muttergottes abgebildet – die ja die Empfängerin dieses Dankes ist. Mal sind es Unfälle, mal Krankheiten und besonders knifflige Herausforderungen, die die Menschen überwunden haben. Maria Kirchental birgt die Erinnerungen vieler Menschen an diese Weichenstellungen ihres Lebens – ein warmherziges Zeugnis unbeugsamen Lebenswillens.

Adresse Maria Kirchental 1, 5092 St. Martin-Maria Kirchental | **Anfahrt** vom Stadtzentrum St. Martin Richtung Kirchental, vorbei an den Ferienwohnungen Oktavia, zu Fuß etwa 1 Stunde vom Tal | **Öffnungszeiten** Führungen im Wallfahrtsmuseum nach Anmeldung möglich (E-Mail: rektorat.maria-kirchental@pfarre.kirchen.net) | **Tipp** Während in der alpinen Arena der Sakralbau beeindruckt, imponiert in St. Martin das profane Schloss Grubhof, das 1325 erstmalig erwähnt wurde. Es blickt auf eine bewegte Geschichte zurück und bietet heute nach umfassender Sanierung Raum für Apartments.

81 Die Mineralienkluft

Das Schatzkästchen vor der Haustür

Ein gut gefülltes Schatzkästchen thront weithin sichtbar im Freien. Die Sorge, dass diese reichlich mit Kristallen bestückte »Kluft« – wie man den Hohlraum nennt – verschwinden könnte, ist bei zehn Tonnen unbegründet. Andreas Steiner – nomen est omen – ist »Stoanasucher« und hat die Quarzader in der Wiese entdeckt. Das ist meist der erste Hinweis auf einen größeren Fund. Reicht die Ader in den Berg hinein, wird der Quarz zum Bergkristall. Die Fundstelle wird mit Hammer und Meißel belegt, um sie zu sichern. In Österreich ist dies Tradition, in der Schweiz sogar Gesetz.

Rund 150 offizielle Steinsammler suchen in der Kernzone der Hohen Tauern. »Der Stein hat dich gefunden, jetzt gibst ihn nicht so leicht her«, lautet Andreas' Philosophie. 15 Mal musste der Hubschrauber fliegen, um Teile der Kluft ins Tal zu bringen. Dann lagerten sie längere Zeit im Stall. Der Boden der Kluft weist Chlorit auf, die Bergkristalle und Smaragde wurden an ihren ursprünglichen Stellen wieder eingefügt. Das Habachtal mit dem legendären Smaragdbergwerk war Europas bedeutendste Fundstelle. Durch den Abbau nach dem Zweiten Weltkrieg ist es heute nicht mehr rentabel. Familie Steiner betreut seit 35 Jahren die in 2.200 Meter Höhe gelegene Mine, die sich in Privatbesitz befindet.

Der grün leuchtende Smaragd ist der wohl charismatischste Edelstein der Hohen Tauern. Schon mit drei Jahren ging Andreas mit seinem Vater Alois sammeln. Alois selbst hatte als Bub einen Rauchquarz aufgespürt – oder hatte sein Vater nachgeholfen? Es begann jedenfalls eine findige Leidenschaft. Seit 1911 sammeln die Steiners Stoana, und die vierte Generation fängt auch schon an.

Man kann beim Bergen leicht verunglücken, wenn plötzlich der Fels ausbricht und es steil nach unten geht. Alois entging haarscharf diesem Schicksal. Er baumelte Hunderte Meter über dem Abgrund. Doch sein Schwager streckte ihm die rettende Hand entgegen und zog Alois hoch.

Adresse Familie Steiner, Steinach 12, 5733 Bramberg am Wildkogel-Steinach, www.mineralien-steiner.at | Anfahrt auf der Gerlosstraße bis Bramberg, nach Steinach abbiegen zum Smaragdwanderweg | Tipp Die Jagd nach dem grünen Diamanten zieht viele an. Seit dem Abgang einer Mure 2002 beim Gasthof Alpenrose im Habachtal sollen im Geröll Smaragde schlummern.

82 Die Rudolfshütte

Eroberung und Schutz der Alpen

Die alte Rudolfshütte ist baden gegangen. Denn der 1953 aufgestaute Weißsee verschluckte die ehrwürdige, 1874 als eine der ersten hochalpinen Hütten errichtete Behausung. Seinerzeit fanden fünf Matratzen und ein paar Notschlafstellen Platz. Benannt worden war sie nach dem damals 15-jährigen Sohn des Kaisers. Generell erzählen die Hütten – wie das Riemannhaus im Steinernen Meer oder die Kürsingerhütte am Großvenediger – viel über den Siegeszug des Alpinismus. Mit der architektonischen Einnahme der Berggipfel siegte die Kultur über die Natur, zumindest fühlte es sich so an.

Anhand des Weißsees zeigt sich diese Eroberung. Erst der Kraftwerksbau, dann das Trainingslager für die Ski-Größen der 50er und 60er Jahre: Toni Sailer, Traudl Hecher oder Karl Schranz waren regelmäßig hier, um ihre Waden zu stärken. Einer, der noch länger hier war, ist der Glaziologe Dr. Heinz Slupetzky. Als Kind kam er her, als sein Vater 1958 Pächter der neuen Rudolfshütte wurde. Wobei die Bezeichnung »Hütte« für das neu errichtete »Hotel Weißsee« mit 220 Gästebetten Understatement war. Der Gletscher-Experte erinnert sich: »Mit der tatkräftigen Hilfe meines Bruders wurden im Spätsommer 1963 die ersten Messstangen ins Eis des Sonnblickkeeses gebohrt, damals noch mit einem zwei Meter langen Handbohrer. Niederschlagsmessgeräte, mehrere Meter hohe Eisengestelle mit einem Gefäß, in dem der Niederschlag gesammelt und monatlich gemessen wurde, wurden mühsam hinaufgeschleppt und aufgestellt.« In Tirol sagt man »Ferner«, im Pinzgau »Kees« zum Gletscher.

Ziel waren exakte Karten, Erkenntnisse über die Gletscherveränderung und darüber, wie sich das Klima entwickelt. Früh konstatierte man Gletscherschwund. Heute führt die Zeller Familie Holleis das Haus und hat es zu einem Gletscher-Wellness-Hotel inmitten des Nationalparks ausgebaut. Alle Jahrzehnte hindurch bestanden hat der Name »Rudolfshütte«.

Adresse Stubach 82, 5723 Uttendorf-Stubachtal, www.rudolfshuette.at | Anfahrt von der Talstation der Weißsee Gletscherbahn (Gratis-Parkplatz), dem Enzingerboden, in 20 Minuten mit der 6er Umlaufbahn über die Mittelstation Grünsee zur Bergstation am Weißsee | Öffnungszeiten Mitte Dez.–Mitte April und Mitte Juni–Anfang Okt. | Tipp Die »Weißsee Gletscherwelt« bietet sowohl im Sommer wie im Winter beeindruckende Erlebnisse in der intakten Natur. Der »Kalser Tauern« war der historische Tauernübergang für den Saumhandel.

83 Der Schlosserteich

Das Schlaraffenland für Amphibien

Mittlerweile wissen fast alle, dass Biodiversität für eine intakte Natur eine Grundvoraussetzung darstellt. Wenn eine Tierart bedroht ist, gilt das für eine andere meistens auch. Die Nahrungskette verlangt nach lückenloser Versorgung. Jedes Verschwinden einer Tierart führt zum Verschwinden einer anderen. Im Jahr 1990 hat die Pinzgauer Biotopschutztruppe erfahren, dass beim Stubachtaler Schlosserteich der Froschhut brennt. »Um Parasiten auszulöschen, wurde damals ungelöschter Kalk in den Teich geschüttet«, erinnert sich Hans Kapeller, Initiator der Biotopschutztruppe. »Bei vielen Fröschen hat sich die Haut abgelöst.« Ohnedies ist der Mangel an stehenden Gewässern für die Froschpopulationen eine Herausforderung, denn zum Ablaichen und als Lebensraum für Kaulquappen sind Fischteiche die denkbar ungünstigsten Orte.

Dann erfolgte der Aufruf, mit 50 Schilling zur Rettung des Teichs beizutragen. Innerhalb kürzester Zeit kam eine halbe Million Schilling zusammen.

So konnte der Teich gekauft und dem Österreichischen Naturschutzbund geschenkt werden. Damit ist dieses Biotop für die Zukunft gesichert. Mittlerweile ist der Teich eine Oase des Lebens. Über einen Zeitraum von wenigen Wochen im Jahr – meist im April – kommen heute Tausende Frösche, um hier ihre Art zu sichern. Oft warten die Männchen schon sehnsüchtig auf die Weibchen, und dann wird der Teich zum brodelnden Quell des Lebens. So wurden die gefährdeten Arten, allen voran Grasfrösche, Erdkröten oder Bergmolche, vorm Aussterben bewahrt.

Innerhalb von 30 Jahren wurde der Stubachtaler Schlosserteich zu einem der größten Laichplätze für Amphibien im ganzen Land Salzburg. Dadurch wurde auch der Fortbestand anderer gefährdeter Arten wie Natter, Bussard oder Reiher gestärkt. Dass jedes Biotop und sein Umland außerdem ein Blumenparadies sind, erfährt man hautnah, wenn man vor Ort ist.

Adresse Stubachstraße, etwa auf Höhe Stubach 14, 5723 Uttendorf-Stubachtal | Anfahrt von Uttendorf auf der Stubachstraße Richtung Schneiderau, rechts von der Straße aus zu sehen | Öffnungszeiten ganzjährig zugänglich, Forschlaichspektakel im April | Tipp Wenn man noch rund zwei Kilometer weiterfährt, kommt man zum Schrabachfall, der im letzten Abschnitt mit 60 Meter Fallhöhe imposant ist. Dort hat auch die Biotopschutztruppe mit Böschungsarbeiten für den Zugang gesorgt – allerdings für Menschen, nicht für Frösche.

84 Der Zirbenwald

Im Wiegenwald begegnet man richtig alten Bäumen

Als vor gut 110 Jahren die Idee reifte, in den Hohen Tauern einen Nationalpark einzurichten, sollte das Stubachtal sein Herz werden. Zusammen mit dem benachbarten Amertal kaufte der Verein Naturschutzpark ein 1.100 Hektar großes Areal. Doch die Geschichte legte ihr Veto in Form von Kriegen ein, weshalb der Nationalpark erst in den 1980er Jahren realisiert wurde. Das Zentrum bildet der Wiegenwald der Zirben mit seiner Ursprünglichkeit. Einzelne Bäume hier sollen gar 1.000 Jahre auf der Rinde haben. Damit ist der Wiegenwald, der in einem breiten Areal zwischen Enzingerboden und Grünsee liegt, auch ein Wald der Greise. Die Zirbe bleibt selbst im Alter eine tüchtige Wanderin und kommt in Ausnahmen auf bis zu 2.800 Meter Seehöhe hinauf. Ihr Bestand ist vor allem dem umtriebigen Tannenhäher zu verdanken. Dem Vogel haben es Nüsse von Fichten und Zirben angetan. Bei seiner Sammelleidenschaft fällt schon mal ein Samen herab und sichert die Zirbenzukunft.

Dass es hier einen so intakten Wald gibt, hat zwei Gründe: die Lage im Talschluss, die die Erschließung erschwerte, und die Tatsache, dass das Fürsterzbistum Salzburg in der Ausbeutung der Wälder ein Problem erkannte. Der Begriff Nachhaltigkeit ist ökonomisch untermauert. Er geht auf Hans Carl von Carlowitz zurück, der damit Anfang des 18. Jahrhunderts die natürliche Regenerationsfähigkeit ins Bewusstsein holte. Schließlich sollten Militär, Energie- und Bauwirtschaft verlässlich ihre Holzlieferungen erhalten.

Die Zirbe wird gern »Königin der Alpen« genannt. Sie wacht über die einzigartige Biodiversität, die sich zu ihren Füßen ausbreitet. Man vermutet, dass die Artenvielfalt des Wiegenwalds der Nähe zum Süden geschuldet ist. Jedenfalls sausen viele Insekten über die Moore. Die über die Teiche führenden Stege wurden nicht vorrangig angelegt, um Wanderern trockene Füße zu garantieren, sondern um den Boden feucht und somit lebendig zu halten.

Adresse Alpengasthof Enzingerboden, Stubach 115, 5723 Uttendorf-Stubachtal | Anfahrt am Ende der Stubachstraße | Öffnungszeiten Mitte Mai–Ende Sept., Führung mit den Nationalpark-Rangern empfohlen, Anfrage unter Tel. 06562/4084933 | Tipp Der Stausee Tauernmoossee ist die erste Baustufe der Kraftwerksgruppe Stubachtal und entstand zwischen 1921 und 1929. Das Beispiel zeigt, dass Energiegewinnung und Naturschutz sich nicht ausschließen müssen.

85 Das Franz-I.-Denkmal

Die fünf Bäume, die den Namen bilden

Man kann die steinernen Obelisken im Pinzgau vermutlich an einem Finger abzählen. Als im 19. Jahrhundert die architektonischen Raffinessen anderer Kulturräume in den Pinzgau vordrangen, war die Form dieses Objekts einfach exotisch.

Der Grund für die Errichtung des Denkmals 1837 war verbunden mit dem seit Jahrhunderten bekannten Kampf gegen die unnachgiebige Natur: Die Salzach breitete sich traditionell im ganzen Oberpinzgau aus. Daraus entstanden Versumpfungen. Etliche Lacken schufen ideale Bedingungen für Insekten aller Art. Das »Pinzgauer Sumpffieber« war besonders berüchtigt. Aber auch Hautkrankheiten und andere Übel setzten den Menschen zu.

Als Kaiser Franz I. am 12. Juli 1832 auf dem Rückweg aus Tirol am Pass Thurn hielt und aus der Vogelperspektive auf das versumpfte Land blickte, soll er den berühmten Ausspruch getätigt haben: »Meine Kinder! Da muss euch geholfen werden.« Insbesondere Pfleger Ignaz von Kürsinger initiierte die Trockenlegung des oberen Salzachtals. Fortan konnte man zwar im Tal nicht mehr mit dem Boot von einem Ort zum anderen fahren, dafür verschwanden jedoch sukzessive die unkontrollierten Überschwemmungen mit ihren verheerenden Folgen. Die Regulierung der Salzach ist immer noch ein Thema. Doch die Errungenschaften von damals schufen die Grundlage für eine ausgedehnte Besiedelung und für die landwirtschaftliche Nutzung des Tals.

Ursprünglich stand der Obelisk mit dem eisernen Doppeladler an der Spitze der alten Paß-Thurn-Straße. Nach der Verlegung der Reichsstraße hat das Denkmal heute einen neuen Standort an der Bundesstraße von Stuhlfelden Richtung Mittersill bekommen. Der Clou der Anlage sind die fünf Bäume hinter dem Denkmal: Fichte, Rotbuche, Ahorn, Nussbaum und Zirbe beschützen gewissermaßen das Denkmal und sorgen für eine listige Bedeutung. Die Anfangsbuchstaben dieser Bäume bilden nämlich den Vornamen des Kaisers.

Adresse Zeller Straße, 5724 Stuhlfelden | Anfahrt von Zell am See kommend auf der Zeller Straße (B168) knapp 300 Meter nach der Avanti-Tankstelle | Tipp Geht man rund 500 Meter zurück nach Stuhlfelden, kommt man zum Hotel Gasthof Flatscher, einem der ältesten Gasthäuser im Pinzgau.

86 Die Maria am Stein

Die Kunstfertigkeit des Virgil Groder

»Maria am Stein« verdient aufgrund von Virgil Groders kunstfertiger Hand Erwähnung. Denn die im 19. Jahrhundert entstandenen neugotischen Wandmalereien begründen die gestalterische Einheitlichkeit der Neogotik dieses Sakralbaus und zeugen von einem ungewöhnlichen Blumenbeet. Mannigfach schlängeln sich Lilien um die klassischen Erzählungen von der Verkündigung, der Anbetung der Könige und der Heimsuchung. Mit den Gewölbeschlusssteinen in Form von weißen Rosen preisen sie Maria als »Rose ohne Dornen« und »Lilie ohnegleichen«. Selten ist die Gotik so farbenfroh und floral zu erfahren. Der Maler Virgil Groder war von Tirol bis Salzburg viel beschäftigt und gestaltete die Wandmalereien zwischen 1899 und 1900 – im Pinzgau gibt es noch einige weitere Werke von Groder zu sehen.

Die Stuhlfeldener Kirche ist die älteste Pfarre im Oberpinzgau. Schon 963 ist der Ort urkundlich verbrieft. Der »Stuhl« oder vielmehr Sitz einer Kirche entschied bekanntlich in hohem Maße über ihre Bedeutung. Während anderswo oberste Beamte oft Pfleger hießen oder andere bürokratische Titel trugen, nannte man ihn in Stuhlfelden »Kellner«, abgeleitet vom Kellenamt. So bekommt Obrigkeit etwas Wärmendes. Auf einmal tropft es wie Bierschaum von den Augenbrauen: Schließlich gilt der Kellner als Ikone abendlicher Psychoanalyse, der oft nicht nur die materiellen Scherben des umgestoßenen Glases wegkehren muss, sondern auch die immateriellen des geplagten Individuums. Er ist der Pastor jenseits der Kirchen.

Es überrascht nicht, dass Stuhlfelden Wallfahrtskirche war. Vor allem zog die spätgotische Madonna mit Kind, die um 1480 entstand, die Menschen an. Dieses Objekt ist eingebettet in den barocken Hochaltar, den einzigen Marmoraltar im Oberpinzgau. Maria repräsentiert die »neue Eva« und reicht Jesus, dem neuen Adam, den Paradiesapfel. So beginnt die Geschichte am Ende neu. Am Ende fängt eben alles an: als Neo-Paradies.

Adresse Dekanats- und Wallfahrtskirche Maria Himmelfahrt »Maria am Stein«, 5724 Stuhlfelden | **Anfahrt** auf der Zeller Straße (B168) bis zur Ortseinfahrt Stuhlfelden, dann links halten und 300 Meter weiter | **Öffnungszeiten** Kirchenführung nach Anmeldung bei Evi Rauchenwald (Tel. 0664/1445082) oder Wolfgang Reichssöllner (Tel. 06562/5785) | **Tipp** Stuhlfeldens Hausberg ist eigentlich der Geißstein (Goasstoa). Jedenfalls war er das, bis 2013 geologische Messungen den zweithöchsten Grasberg Europas nach Tirol versetzt haben. Aufgrund von 3,5 Metern.

87__Die Rauchkuchl

Der Herr der Ringe

Drei Generationen lang war die Rauchkuchl im über 500 Jahre alten Schweigerlehen in weiblicher Hand, bis Tobias Bachler 2018 von seiner Mutter Resi den Kochlöffel übernahm. Speisekarten suchen die Gäste hier vergeblich. Tobias kocht jeden Tag, was gerade bei der Tür hereinfliegt, wie er es nennt. Er fände es langweilig, jeden Tag eine vertraute Speisenfolge herunterzukochen. So weiß man nie, was morgen in die Pfanne kommt. Kulinarische Suspense! Der erste Gast bestimmt, ob es Fleisch oder Fisch gibt, so ergibt sich das Menü weitgehend von selbst.

Tobias sucht gern nach edlen Steinen. Resi dachte an den Topas, als sie seinen Namen wählte. Eine hübsche Auswahl seiner Funde verziert das Haus. Zudem sammelt er Fichtenzapfen und Kräuter der Natur, um sie mit kreativem Geschick seinen Gerichten beizumischen.

Die Hauptgänge eines fünfgängigen Menüs kochen Mutter und Sohn gemeinsam am 600 Jahre alten Herd. Dieser wurde von Resi einst aus einem Schloss geholt und bedeckt die ursprünglich offene Feuerstelle, umringt von Pfannen jeglicher Größe. In einem schwachen Moment überlegte Tobias, eine alte Pfanne der Urgroßmutter wegzugeben. Aber das ging natürlich nicht. »Die schweren Pfannen haben eine eigene Persönlichkeit«, verrät Tobias. Erfreulicherweise gehorchen sie oft, wenn ihnen Fleisch, Fisch, Kartoffeln oder Süßes anvertraut wird. Die Zubereitung vor den Augen der ausharrenden Gäste und das Erlebnis des offenen Feuers schaffen das Charisma der Rauchkuchl.

Das Geheimnis der hohen Qualität der saisonalen Speisen liegt im Spiel mit den gusseisernen Ringen in der Herdplatte. Je nach Bedarf wird durch Wegnehmen oder Hinzufügen derselben das Feuer und damit die Hitze verstärkt oder verringert – ein einfacher Akt mit hoher kulinarischer Wirkung. Dabei ist kochkünstlerisches Feingefühl gefordert. Die Köche servieren auch selbst. Ganz wie zu Hause.

Adresse Schwaigerlehen, Weyerstraße 8, 5724 Stuhlfelden, www.schwaigerlehen.at | Anfahrt von der B168 ins Zentrum, an der Pfarrkirche links und 50 Meter weiter | Öffnungszeiten Reservierung und Infos: anfrage@schwaigerlehen.at | Tipp Geht man zurück ins Ortszentrum, ist das Schloss Lichtenau nicht zu übersehen. Zwar wird das mehr als 500 Jahre alte Gebäude überwiegend privat genutzt und ist nur gelegentlich bei öffentlichen Veranstaltungen zugänglich, aber allein die Architektur mit den schmalen Türmchen ist eine Betrachtung wert.

88 Die Tresterin

Gendern einmal anders – ein Bild mit Symbolkraft

Welt trifft Ort: Das könnte man im Zusammenhang mit der Street-Art von Diala Brisly denken, die 2016 im Rahmen des internationalen und interdisziplinären Kunstsymposiums »Ortung« in Stuhlfelden dieses Bild gemalt hat. Es handelt sich dabei um ein circa drei mal vier Meter großes Wandbild, das klassisches Brauchtum wie das Kostüm und die Motive der Tresterer neu besetzt. Hier ist eine Frau gekleidet, wie es dem Ritus entspricht. Auge in Auge mit einer Henne scheint sie das Tier zu befragen, wie es um seine Fruchtbarkeit bestellt ist. Die Henne ist nicht minder neugierig. Vor beiden ruht, den Betrachter gelassen anblickend, ein Steinbock. Eingehüllt in die magische Ornamentik und die phantasievollen Wolken entsteht eine Gesamtkomposition, die beides verbindet: den Boden, der die Nahrung liefert, und den Äther, das beschützende Dach. Sie passt wunderbar an diese Wand, gehört diese doch zu einer Garage für Traktoren und andere landwirtschaftliche Nutzfahrzeuge.

Die Künstlerin ist 2013 aus Syrien geflohen. Sie hat damals unter anderem für ein Kindermagazin gearbeitet, das noch während der ersten Kriegsjahre hergestellt und verteilt wurde. Dass die Aneignung lokalen Brauchtums zu einer Verwandlung führt, ist ein – in diesem Fall besonders farbenfroher – Beweis für den Wert künstlerischer Intervention.

Die Arbeit ist eine Kulturbotschaft für die hiesigen Menschen sowie für jene, die bloß vorbeikommen. Diala lebte früher in Beirut und hat wie viele andere internationale Künstler einige Themen und Traditionen des Salzburger Landes kennengelernt. Diese wirken in ihrem Schaffen nach.

Dass das Thema »Flucht« jeden treffen kann, weiß man im Pinzgau nur allzu gut, wo etwa die Judenflucht über die Krimmler Tauern im Sommer 1947 und etliche bedrohliche Ereignisse der Kriegs- und Nachkriegszeit manchmal zu lebenslanger Verbundenheit geführt haben.

Adresse Stuhlfelden 73, 5724 Stuhlfelden | Anfahrt von der B168 ins Zentrum, vorbei an der Pfarrkirche, Gebäude neben dem Pfarramt | Tipp In Stuhlfelden existiert seit 2013 das Perchtenbankerl mit einem Eichenrelief, das die tanzenden Tresterer zeigt. Auch in Unken, Bruck und Saalfelden gibt es Tresterer, teils mit eigenen Tanzschritten.

89_Die Halbstundenbrücke

Die Schlacht am Thermopylenpass pinzgauerisch

Die Geschichte von David, der Goliath niederringt, verliert nichts von ihrer Faszination. Seit der Antike sind Siege vermeintlich Unterlegener ein unerschöpflicher Erzählstoff. Etwa die Schlacht am Thermopylenpass, wo eine Handvoll Athener, Spartaner und Verbündeter das riesige Heer des Perserkönigs Xerxes aufhielt. Wie die Spartaner stellten sich die Pinzgauer unter der Führung des aus Krimml stammenden Schützenhauptmanns Anton Wallner am 27. Juli 1809 an der Halbstundenbrücke bei Taxenbach den Bayern entgegen. Die Alliierten Napoleons zählten 7.000 Soldaten, während die Pinzgauer Schützen bloß 400 Mann ausmachten.

Die Halbstundenbrücke ist verschwunden. Das Niedrigwasser der Salzach sorgt manchmal dafür, dass die Pfähle aus dem Wasser emporragen. Wer lange schaut, hat vielleicht Glück, einen Stumpf zu erspähen. Dass die Brücke nicht mehr steht, regt noch mehr zum Sinnieren an. Eine Gedenktafel direkt am Rainerkai beim Trattenbach erinnert an das historische Geschehen.

Es zählt nicht die Begeisterung für das Militär, sondern die Mühe, die Heimat vor Plünderung und Gewalt zu bewahren. Die Schützen kannten das Gelände und schafften es, die Bayern sieben Stunden lang am Überqueren der Brücke zu hindern. Die aus Embach kommenden Eindringlinge konnten beim Trattenbach nicht übersetzen. Schließlich fanden die Invasoren bei Eschenau einen Umgehungsweg.

Auch in Taxenbach wurde ein Denkmal für Anton Wallner errichtet. Es befindet sich direkt bei der Pfarrkirche. Obwohl für seinen Mut gefeiert, legte sich über Wallners Leben ein Schatten. Franzosen plünderten sein Haus in Matrei. Er selbst erhielt vom Kaiser in Wien ein Landgut und eine Pension. Doch davon hatte er nichts. Nachdem ihn das Gerücht erreicht hatte, seine Frau und seine Kinder seien ermordet worden, starb er binnen einiger Tage an einem schweren Nervenfieber, wenige Monate nach dem denkwürdigen Ereignis.

Adresse Trattenbach-Rainerkai, 5660 Taxenbach | Anfahrt auf der Pinzgauer Straße (B311) von Eschenau nach Taxenbach, Halbstundenbrücke ehemals etwa in der Mitte des Weges | Tipp Die Wallner-Schützen haben auch heute noch einen Verein, der 2021 das 60-jährige Jubiläum gefeiert hat und immer wieder Veranstaltungen organisiert. Auch im Heimatmuseum Taxenbach in der Marktstraße 37 finden sich Objekte, die auf den Feldzug Napoleons verweisen.

90 Die Kitzlochklamm

Der abhandengekommene Einsiedler

In den Alpen sind oft Gams- und Steinwild unterwegs. Die unverschämt beweglichen Tiere wurden mehrfach zum Symboltier gewählt. Hierher kamen sie gern, um vor der sommerlichen Hitze zu fliehen und sich in den kühlenden Stollen zu verstecken. »Kitz« nennt man das Jungtier. Vermutlich kennt jeder weltweit Kitzbühel. Dieses Schicksal wäre auch der Kitzlochklamm zu wünschen.

Wobei: So unbekannt ist sie nicht. Schließlich waren schon im 16. Jahrhundert Bergknappen hier, um nach Gold zu schürfen. Als der Pfleger Johann Zehetner die Klamm 1833 zugänglich machte, fand man Gegenstände aus Eisen aus der Zeit der Römer. Sei es die magische Atmosphäre oder die Suche nach wertvollen Rückzugsorten – die Klamm befriedigt unterschiedliche Bedürfnisse. Auch ein Einsiedler war einst hier. Seine dürftige Wohnung ist noch zu sehen. Aber womöglich war er manchmal weniger einsam als erhofft. Die Errungenschaften des Alpinismus führten in der Hochblüte der Romantik nicht nur zur Eroberung der Berge, sondern auch dazu, dass das Reisen und damit der Tourismus die Masse erreichte. Was vorher nur Aristokraten, Händlern und Soldaten vorbehalten war, konnte bald jeder. So schätzt man, dass gegen Ende des 19. Jahrhunderts jährlich Zehntausende Abenteuerlustige in die Klamm kamen.

Die Wege sind heute so angelegt, dass ein Maximum an Schauspiel entsteht – so erlaubt die 2019 eröffnete Aussichtsplattform »Klammauge« einen spektakulären Blick in die Tiefe. Kletterer sind eingeladen, die Wände zu erklimmen.

Wie jede Geschichte weist auch die der Klamm Tragisches auf. 1974 posierte eine Schülergruppe für ein Gruppenfoto. Unter der Last der sich zusammendrängenden Menschen stürzte die Brücke ein und riss acht Schüler in den Tod. Alle Wege und Brücken wurden erneuert. Seitdem gab es kein Unglück dieser Art. Die Natur ist ergreifend schön und oft unerbittlich.

Adresse Kitzlochklammstraße 16, 5660 Taxenbach | Anfahrt von der B311 in die Kitzlochklammstraße, über die Salzach weiter bis zum Parkplatz | Öffnungszeiten Anfang Mai–Ende Sept. | Tipp In Taxenbach sollte man sich die alten Häuser näher ansehen. Das Kühhoferhaus, ein Holzblockbau und Breitgiebelhaus aus dem 17. Jahrhundert, ist nahezu unverändert geblieben.

91 Der Froschzaun

An der Grenze zwischen Natur und Zivilisation

Auf der Thumersbacher Seeuferstraße ereignete sich Jahr für Jahr ein regelrechtes Froschmassaker. Die natürlichen Wege der Amphibien zu ihren Laichplätzen im Zeller See treffen dort auf die zivilisatorischen der Menschen.

In diesem Kampf von David gegen Goliath ist tatsächlich Goliath der Sieger, also der Autoreifen. Naturschützerin Herlinde Hasenauer hat um einen Zaun gebeten, der nicht ausgrenzt, sondern schützt: Der Froschzaun ist das Leitsystem für die Amphibien im ganzen Pinzgau. Es ist ein oft unscheinbarer, knapp 30 Zentimeter hoher grüner Zaun, der den Zutritt zur Straße von den Wiesen aus verhindert. Alle paar Meter stehen Kübel, worin sich die Frösche sammeln. Mittlerweile hat das Land hier zehn Amphibientunnel eingebaut.

Zurück geht der Froschzaun auf Hans Kapeller, der in den 80er Jahren mit seinem 2CV über die Mittersiller Straße nach Piesendorf fuhr. Das Rumpeln hat er anfangs gar nicht mit Fröschen verbunden, bis ihm klar wurde, welches Gemetzel die Autos verursachen.

Nach Rücksprache mit dem Land und dem Zuspruch, aktiv zu werden, kaufte er beim Campingbedarf Volleyballnetze für Camper. Dieses Material erwies sich als taugliches Froschleitsystem. Den Gesichtsausdruck des Verkäufers mag man sich vorstellen, als Hans Netze mit 100 Meter Länge bestellte. Sie wurden wie Vorhänge aufgehängt, mit Klipsen auf eine Schnur gespannt. Der Kilometer kostete damals etwa 12.000 Schilling. Vom Land wurde ein Probekilometer bewilligt. Dieser hat sich offenkundig bewährt. Wie in Thumersbach: 1989 waren es 147 Amphibien, die Herlinde damit gefangen hat. Mittlerweile sind es bis zu 15.000 jährlich.

Mit dem Trockenlegen der Talböden verschwanden überall die Teiche. Inzwischen hat die Biotopschutztruppe im Pinzgau viele private Tümpel ausheben lassen und agiert dank zahlreicher Spender immer wenn ein Drama droht, mit Pacht oder Grundstückskauf.

Adresse Seeuferstraße, 5700 Zell am See-Thumersbach | **Anfahrt** an der Ostseite des Zeller Sees | **Tipp** Bei Piesendorf steht das Werk der Firma Senoplast Klepsch & Co. GmbH, das primär Kunststoffprodukte erzeugt. Dahinter findet sich eine privat von Magister Rudi Klepsch angelegte Teichlandschaft, die ein riesiges Biotop für Amphibien und viele rare Insekten darstellt.

92 Die Hand

Das Refugium des einarmigen Pianisten

Wer den Thumersbacher Themenweg entlangspaziert, dem begegnen einige wunderliche Objekte. Irgendwann taucht eine überdimensionierte Hand auf, die grazil eine Stiege hinabtänzelt. Tatsächlich symbolisieren die weiß-schwarzen Stufen eine Klaviatur. Die Hand erinnert an den Pianisten Paul Wittgenstein, Bruder des bahnbrechenden Philosophen Ludwig Wittgenstein. Die Geschichte Pauls verdient größere Bekanntheit. 1913 debütierte er als Pianist im Wiener Konzertverein. Die Kritik war angetan von dem jungen Musiker. Auch seine Mutter Leopoldine spielte ausgezeichnet Klavier, und sein Vater Karl beherrschte Horn und Violine.

Dann folgte der Erste Weltkrieg, und Paul verlor aufgrund einer Kriegsverletzung den rechten Arm. Doch den ehrgeizigen Künstler hielt das nicht auf. Er feierte eine internationale Karriere als »The Man with the Golden Arm«. Auftragswerke speziell für die linke Hand schrieben Komponisten wie Benjamin Britten, Sergej Prokofjew und Richard Strauss. Die Machtergreifung der Nationalsozialisten zwang Paul Wittgenstein 1938 ins Exil nach New York. In den USA war er bis zu seinem Tod als Lehrer tätig.

Mit Thumersbach verbinden ihn die Sommer bei seinen Tanten Clara Wittgenstein und »Milly« Brücke-Wittgenstein, die sich hier niedergelassen hatten. Paul verzückte die Gesellschaft mit seinen Ständchen. Der 1,4 Kilometer lange »guestbook«-Themenweg wurde vom ehemaligen Gymnasiallehrer Peter Wittner initiiert. Er kennt die Biografien der in Thumersbach weilenden Künstler genau und weiß so manche Anekdote zu erzählen. Gestaltet wurden die Objekte von Andreas Zangl und seinem Team.

David Herbert Lawrence war hier, die Trapp-Familie lebte einige Jahre am See, der Chirurg Julius von Hochenegg, der die erste Unfallstation weltweit gründete, und viele mehr. Stefan Zweig schließlich wendete sich bei seinen Aufenthalten im Bootshaus dem Schicksal Marie Antoinettes zu.

Adresse Erlbergweg (bei Nr. 19), 5700 Zell am See-Thumersbach | Anfahrt von der Seeuferstraße im Zentrum in die Talstraße einbiegen und dann gleich rechts in den Erlbergweg, Beginn des Themenwegs in der zweiten Kehre (auf Wanderschilder achten); alternativer Zugang von der anderen Seite in die Grafleitenstraße | Tipp Das Landhotel Erlhof ist so schön wie seinerzeit, als hier die Familie Trapp die Sommer verbrachte. Bis 1935 sangen sie hier im Chor, später wurden sie in den USA mit »The Sound of Music« weltberühmt.

93 Der Pegasus von Kubin

Kunst verleiht Flügel, man hebt ab im Lohninghof

Es sind die Geschichten des antiken Griechenlands, die bis heute nichts von ihrer Sogkraft eingebüßt haben. Das geflügelte Pferd ist jene Symbiose von Traum und Wirklichkeit, die den magischen Geschöpfen ihr Charisma verleiht. Selbst die Geburt des Pegasus ist geheimnisvoll: Ist er dem Nacken Medusas entsprungen, nachdem Perseus die Schlangenköpfige enthauptet hat? Oder war es ihr Blutstropfen, der den Boden berührte und so Pegasus schuf? Diese Faszination für das Phantastische liegt auch dem Werk Alfred Kubins (1877–1959) zugrunde, der einen großen Teil seiner Kindheit am Zeller See verbrachte und immer wieder in den Pinzgau zurückkehrte.

Im selbst schon geheimnisvollen Lohninghof, dessen erste urkundliche Erwähnung aus dem Jahr 1141 stammt, ist dem obsessiv Zeichnenden eine Dauerausstellung gewidmet. Ein Bild daraus zeigt den Lohninghof, wie er vor gut 100 Jahren ausgesehen hat. Gut sichtbar und frei in der Landschaft, ist seine Strahlkraft ausdrucksstark eingefangen. Heute ist das denkmalgeschützte Haus ein Anziehungspunkt, da regelmäßig Veranstaltungen vergnügliche Inspiration bieten.

Alfred Kubin hat in seinen über 20.000 Zeichnungen vieles thematisiert. Oft sind es unheimliche Gestalten, die seine expressionistisch verdichtete Welt bevölkern. Bestimmt sind diese Wesen auch ein Ausdruck seiner schwierigen Kindheit, die von Versagensängsten und Zweifeln überschattet war. Auch der frühe Tod seiner Mutter, der schließlich in einem theatralischen Selbstmordversuch des jungen Alfred an ihrem Grab gipfelte, hat zum Pessimismus des Künstlers beigetragen. Doch der Pegasus und viele andere mythologische Gestalten sind selbst Objekte der Verwandlung. Schließlich braucht es sie, um »Die andere Seite« zu erreichen. Der 1909 erschienene berühmte Roman beweist die vielseitige Begabung von Kubin, dem die Landschaft des Unterpinzgaus eine sprudelnde Inspirationsquelle blieb.

Adresse Seeuferstraße 6, 5700 Zell am See-Thumersbach | Anfahrt direkt im Zentrum im Verbund mit der Speisenmeisterei | Öffnungszeiten ganzjährig Mi–So 10–18 Uhr | Tipp Nur wenige Schritte entfernt im Kurpark Thumersbach befindet sich ein Skulpturenweg. Das Denkmal für Rudolf Riemann würdigt diesen Pionier des Alpinismus und Tourismus; ohne ihn würde es den Kurpark nicht geben.

94 Die Pinzgaubahn

Mit der Schmalspurbahn durch den Oberpinzgau

Am 28. Dezember 1897 schlug für die Pinzgauer Lokalbahn die große Stunde: Anlässlich der behördlichen Probefahrt zwischen Zell am See und Mittersill wurde die höchstzulässige Geschwindigkeit mit 25 Kilometern pro Stunde festgesetzt. Heute brausen die modernen Wendezüge mit bis zu 80 Stundenkilometern durch die Landschaft.

Schon Anfang der 1870er Jahre wusste man, dass mit der Bahn der Fortschritt kommen würde. Die Bahnverbindung von Salzburg über Zell am See bis nach Innsbruck sollte dem Pinzgau in vielerlei Hinsicht die Türen zur weiten Welt öffnen. Ursprünglich gab es Pläne, mit der Bahn über und durch den Gerlos bis nach Zell am Ziller zu fahren. Pläne dienen manchmal dazu, geändert zu werden. Die SLB Pinzgauer Lokal-Bahn – wie sie seit 2008 heißt – hat schon viele Hochwasser und finanzielle Unwetter überstanden. Heute ist sie aufgrund ihrer zukunftsfähigen Mobilität noch attraktiver gegenüber dem staugeplagten und ökologisch heiklen Autoverkehr. Sukzessive erfolgten Elektrifizierung und Modernisierung. Vor allem Centerleiter Walter Stramitzer engagiert sich dafür, dass die SLB gut durchs 21. Jahrhundert braust.

Unvermindert weckt die Dampflok das Kind in technikbegeisterten Erwachsenen. Karl Fritscher, der seit Jahrzehnten dafür sorgt, dass jede Schraube dort sitzt, wo sie hingehört, und über exzellentes Fachwissen verfügt, ist die Dampflok mit der Nummernbezeichnung 73.019 ans Herz gewachsen: »Die Lok stammt ursprünglich aus Bosnien und ist noch während der k. u. k. Doppelmonarchie in Budapest konstruiert worden. Sie ist die einzige derzeit betriebsfähige Schmalspur-Schnellzugdampflok in Europa im Planbetrieb als regelmäßige Nostalgiefahrt.« Übrigens fährt die Bahn auf der »Bosnaspur«, denn die Spurweite von 760 bis 762 Millimetern wird salopp so bezeichnet. In der Remise im Tischlerhäusl kann man gegen Voranmeldung die Züge von gestern und heute erleben.

Adresse Brucker Bundesstraße 21, 5700 Zell am See-Tischlerhäusl | Anfahrt auf der Brucker Bundesstraße stadtauswärts auf Höhe des Sport- und Familienresorts »Alpenblick« | Öffnungszeiten Anmeldung zur Besichtigung unter Tel. 06562/40600 | Tipp Auf der Esplanade kann man bis zum Elisabethpark am See entlangspazieren. Dort findet im Sommer regelmäßig der Seezauber statt: Ergreifende Musik und eine irrlichternde Show warten da auf einen. Die Wasserfontänen schießen in die Höhe wie der Dampf der alten Loks.

95 Die Heilkunst

Die Pechsalbe zum Glück

Fernöstliche Lehren erfreuen sich seit einigen Jahrzehnten großer Beliebtheit. Ob Ayurveda, chinesische Kräuter oder Akupunktur – die exotischen Heilmethoden ziehen viele in ihren Bann. Dabei gibt es in Europa seit Jahrtausenden eine vielschichtige Tradition der Heilkräuter. Ob für Prophylaxe oder Therapie – die reichhaltigen Wiesen und Wälder bieten alles gegen Kreuzschmerzen, Verdauungsprobleme und andere Leiden.

Seit 2010 steht das Heilwissen der Pinzgauer (Traditionelle Europäische Heilkunde – TEH) auf der Liste des immateriellen Kulturerbes der UNESCO. Der in Unken beheimatete Verein TEH ist ein Hort des Wissens und der verständnisvollen Erfahrung. Obfrau Theresia Harrer-Vitzthum ist mit ihrem Team engagiert wie zu Beginn. Die Pechsalbe beispielsweise kennen viele (noch) nicht. Früher, als die Forstarbeiter und die ländliche Bevölkerung oft keine ärztliche Hilfe in der Nähe hatten, wurde das klebrige Harz der Bäume bei Wunden angewendet. Das antimikrobielle, antivirale und somit entzündungshemmende Harz, das im Volksmund Pech genannt wird, bewahrt etwa in Verbindung mit Ringelblume und Schafgarbe sowie Bienenwachs die Gesundheit oder stellt sie wieder her. Aus dem reichhaltigen Heutal stammen viele Ingredienzien, die für gewöhnlich mit Olivenöl zu Salben, Cremen oder Heilbädern verarbeitet werden.

Lange Zeit wurde das Wissen darüber nur mündlich tradiert. Das Aufschreiben erleichtert nicht nur die Weitergabe, es bietet auch die Möglichkeit des Vergleichens und Bewertens. Für die wissenschaftliche Redlichkeit ist die kritische Prüfung unverzichtbar. Meist bestätigen die Laboranalysen, was die charismatischen »Kräuterweiblein« früherer Zeiten ahnten. TEH sorgt dafür, dass die Verzahnung von Natur und Medizin gut gedeiht. Ein positives Zeichen für die Zivilgesellschaft, denn mit der Pechsalbe ist jeder ein wenig mehr seines Glückes Schmied.

Adresse Niederland 112, 5091 Unken, www.teh.at | Anfahrt Vereinssitz an der Loferer Straße (B178), 100 Meter vor dem Grenzübergang zu Bayern | Öffnungszeiten ganzjährig Seminare, Ausbildung und Veranstaltungen, Anmeldung und Information unter Tel. 06589/20073 | Tipp Der Steinbach bildet – wenige hundert Meter vom Vereinssitz entfernt – die historische Grenze zwischen dem Pinzgau und Bayern. Eine schmale Brücke bei Niederland führt über diesen Bach, an der Südseite steht ein kleiner Grenzstein von 1818 mit dem Doppeladler der Habsburgermonarchie.

96 Der Regenbogen

Somewhere over the Rainbow Division

Es gibt einige Orte, an welchen man den Regenbogen in den Farben Rot, Gold und Blau entdecken kann. Das war das Logo der 42. Infanterie-Division der USA. Sie kam am 6. oder 7. Mai 1945 von Tirol nach Unken und drang in den gesamten Pinzgau vor. Am 8. Mai endete der Zweite Weltkrieg für das nationalsozialistische Deutschland und damit auch für das annektierte Österreich offiziell. Formell wurde die stets als »Rainbow Division« bekannte Infanterie erst im Juli nach Salzburg verlegt. »Fußtruppe« – was der Begriff Infanterie suggeriert – irritiert angesichts der vielen Jeeps und Trucks, die damals durch den Pinzgau düsten. Der Regenbogen symbolisiere die Erstreckung über das ganze Land, hatte der damalige Major und spätere Kommandant Douglas MacArthur 1917 bei der Gründung erklärt. Die Befreiung vom nationalsozialistischen Joch und die Reorganisation des öffentlichen Lebens dehnten sich fortan über ganz Salzburg aus. Kommandant Harry J. Collins nahm die Aufgabe so ernst, dass er später die Salzburgerin Irene Gehmacher ehelichte.

Faszinierend ist, dass die einzige Universität, die es jemals auf Pinzgauer Boden gegeben hat, die sogenannte Rainbow University war. Im Sommer 1945 gegründet, bildete das Grand Hotel mit der Nebenstelle Metzgerwirt und anderen Häusern in Zell am See den Campus. Das Ziel war klar: Fern der Heimat sollten junge Soldaten regulär College-Semester absolvieren. Rund drei Jahre lief der akademische Betrieb. Wer danach sucht, findet vielleicht noch alte Ausgaben der Universitätszeitschrift »Pad & Pencil«.

Hier am Rossbühl werden die Farben des Regenbogens regelmäßig aufgefrischt, so als müsste die Erinnerung an diese für das Schicksal des Landes entscheidenden Jahre bewahrt bleiben. Unbekannte überstrichen einmal das US-amerikanische Logo, aber als besonderes historisches Denkmal verdient der Regenbogen seine leuchtenden Farben.

Adresse Loferer Straße (B178), circa 1 Kilometer vor Unken, 5091 Unken | Anfahrt auf der B178 vorbei an der Innersbachklamm, bis zum Parkplatz gegenüber der Saalach, dann zu Fuß den Gehweg hinauf, wenige Meter neben der Gedenktafel für Erzbischof Markus Sitticus bei der Festung Kniepass | Tipp Dass die gleich nebenan zu besichtigende Festung Kniepass 1648 errichtet wurde, hat natürlich mit dem Westfälischen Frieden zu tun, dem man offenbar nicht ganz traute. Im renovierten Museum wird die Geschichte dieser Region anschaulich gemacht.

97_Der rubinrote Glaspokal

Als die kaiserliche Familie in den Regen geriet

Es war kein einfaches Jahr für Monarchen: 1848 stand Europa geradezu kopf. Die Revolutionäre drangen in die Paläste vor. In Wien gab es Straßenkämpfe, die Herrengasse vor der Hofburg war mit Barrikaden gespickt. So mussten die Habsburger das Weite suchen.

Sie fanden dieses im Westen der Monarchie. Im Mai 1848 bezogen der Kaiser und seine Familie den Hof in Innsbruck als improvisierte Residenz. Der kaiserliche Tross geriet jedoch in Unken in ein fürchterliches Gewitter. Da klopfte Maria Anna von Sardinien-Piemont an die Pforte des Hotels Post, das seit 1689 als Poststation in Unken diente. Die Gemahlin von Ferdinand I. war zu diesem Zeitpunkt immerhin die Kaiserin. Denn erst im Dezember 1848 dankte Ferdinand ab, wodurch der 18-jährige Franz Joseph I. den Thron bestieg. Das Tor öffnete sich, und eine der Mairgschwendner blickte heraus. Seit fast 200 Jahren beherbergte die Familie Mairgschwendner illustre Gäste, aber mit einem solchen Besuch hatte niemand gerechnet. Die Kaiserin bat um einen Regenschirm und einen Mantel. Auch früher ließ man im Pinzgau hohe Leute nicht im Regen stehen.

Erst einige Monate später beruhigten sich die Ereignisse in der Kaiserstadt an der Donau. Gleich nach der Rückkehr nach Wien erging eine Eilpost nach Unken. Ein rubinroter Glaspokal war der leuchtende Dank für die Hilfe. Auch heute noch ist der kaiserliche Pokal ein Blickfang im Hotel Post. Gerti Unseld ist die Geschäftsführerin und weiß, dass manche ob der Größe des Pokals überrascht sind. Heute ist der grazile Pokal hinter einem Gitter verwahrt. Das Post Family Resort ist mittlerweile ein beliebtes Kinderhotel. Schon früher ging es hier oft wild zu. Alfred Kubin war mehrfach Gast, um die Künstlerin Emmy Haesele zu treffen. Beide waren verheiratet. Man weiß, das ist ein Grund, aber kein Hindernis. Mehr dazu in Brita Steinwendtners Buch »Du Engel, du Teufel«.

Adresse Niederland 28, 5091 Unken | Anfahrt auf der Niederlandstraße parallel zur Saalach von Unken nach Niederland | Öffnungszeiten Besichtigung nur nach Anmeldung unter Tel. 06589/4226 | Tipp Wenige hundert Meter vom Post Family Resort entfernt liegt der Sportplatz vom TSV Unken. Neben dem Fußballfeld findet man ein sogenanntes Gletscher-Ei, ein 12.000 Jahre altes Relikt der letzten Eiszeit.

98 Der Geologielehrweg

Der Blick ins Tauernfenster auf die Erdgeschichte

Zu Unrecht steht der 3.657 Meter hohe Großvenediger im medialen Schatten des Großglockners. Dabei sind die knapp 140 Meter, die ihm auf seinen Konkurrenten um die Postkartenvorherrschaft fehlen, kaum der Rede wert. Was den höchsten Berg Salzburgs und sein Umfeld auszeichnet, ist das geologische Repertoire. Am Geologielehrweg Untersulzbachtal im Nationalpark Hohe Tauern kann man dank Schautafeln erkennen, dass die Bildungslücken größer sind als die romantischen Klüfte. Zumindest vor dem Lesen. Das Tauernfenster erlaubt einen Blick in andere Erdzeitalter. Der Begriff beschreibt die geologische Struktur der Ostalpen. Über Jahrmillionen wirkende Kräfte im Erdinneren führten zum Phänomen der Plattentektonik und brachten eine enorme Gesteinsvielfalt hierher. Oft stülpte sich älteres Material über jüngeres. So entstanden die Gneiskerne einst aus flüssigem Magma. Das Magma kam aus der Tiefe und wollte hoch hinaus: Der Gipfel des Großvenedigers besteht daraus. Man kann sich das Tauernfenster wie ein Sandwich vorstellen, das für Geologen ein kalorienreiches Füllhorn der Erkenntnis bietet.

Der Geologielehrweg bietet Aufklärung dank haptischer Erlebnisse. An der Fundstelle »Knappenwand« sollte man sein Glück versuchen. Schon am Beginn der Neuzeit suchte man hier Schätze. Berühmt wurde die Knappenwand durch die Funde von Epidotkristallen mit bis zu zehn Zentimeter Durchmesser. Mehr als 200 Mineralien beherbergen die Hohen Tauern: Amphibol, Galenit, Muskovit oder Titanit. Allein die Namen klingen heroisch. Oft verbinden sich damit Sagen. Etwa jene von den »Venedigermandln« – Geister, die Gutes belohnen und Böses bestrafen.

Der Untersulzbachfall ist Blickfang mehrerer Aussichtspunkte. Am Ende liegt das Mundloch des St.-Martin-Stollens, der zum ehemaligen Kupferbergwerk Hochfeld gehört und heute als Schaubergwerk dient. Zum Großvenediger hinauf geht es über das Obersulzbachtal.

Adresse 5741 Neukirchen am Großvenediger-Untersulzbachtal | Anfahrt von der B165 in den Rainerkai, Ausgangspunkt 150 Meter vom Gasthof Schütthof in der Schiedhofgasse | Öffnungszeiten Juli–Okt. | Tipp Der Hopffeldboden im nebenan liegenden Obersulzbachtal ist ein Fundort für Calcit. Durch Felsstürze gelangt man an neues Material aus der Wand, die Erze liegen zudem dicht an der Oberfläche.

99 Die Schmetterlingspirsch

Magische Verwandlung von Raupe in Schmetterling

Vom schattigen Steinertal in Richtung Alpengasthof Liebenberg erstreckt sich auf 300 Höhenmetern der 1992 eröffnete Pinzgauer Schmetterlingslehrpfad. Die auskunftsfreudigen Infotafeln auf dem Moarkirchwegl stellen das Insekt und seine Beziehung zur Natur anschaulich vor.

Manchmal ist diese sehr intensiv wie bei den Raupen des Schwarzgefleckten Bläulings, der sich anfangs von Thymianblüten ernährt. Nach seiner zweiten Häutung sondern die Rückendrüsen verführerische Sekrete ab, die den Knotenameisen Appetit machen. Diese fressen die Raupen jedoch nicht, sondern schleppen sie in ihren sicheren Bau und lecken sich ins Delirium. Die Raupen dürfen sich dafür am Nachwuchs der Ameisen nähren. Wer hätte gedacht, dass Knotenameisen solche Rabeneltern sind? Ist das Raupendasein des Bläulings zu Ende, muss er rasch den Bau verlassen. Denn nun sind die Ameisen seine Feinde. Symbiose, Mimesis, Schädlingsbekämpfung und ganz einfach ein ästhetisches Schauspiel – all das lässt sich anhand der Welt der Schmetterlinge studieren, und die Pirsch ist ein Lehrbuch mitten in der Natur. Die bunten Kunstflieger sind übrigens gegenüber bestimmten Gerüchen wehrlos. Die Weibchen wissen, dass männliche Artgenossen ihren Sexuallockstoffen nicht widerstehen können. Da fühlt man sich als Mensch ertappt – so geht der ganze Reigen weiter.

Der vom Biologen Gottlieb Eder liebevoll konzipierte Lehrpfad, der sich am alten »Kirchgehweg« befindet, führt am Keltendorf vorbei und auch an Hinterlassenschaften der letzten Eiszeit. Der sich seinerzeit durch den ganzen Oberpinzgau erstreckende Gletscher hat bei seinem Rückzug die ehemals als »Teufelssteine« bezeichneten Findlinge vergessen. Das heißt, er hat sie dort abgelegt, obwohl sie geologisch höchstwahrscheinlich aus dem Sulzbachtal kommen. Daran erkennt man: Eis ist genauso unruhig wie märchenhafte Falter, nur dauern die Bewegungen eben eine Spur länger.

Adresse Tourismusverband Uttendorf/Weißsee, Dorfbachstraße 1, 5723 Uttendorf | **Anfahrt** mit dem Auto auf der B168 oder mit dem Bus 670 nach Uttendorf, Ausgangspunkt der Wanderung beim Tourismusbüro | **Öffnungszeiten** Mai–Sept. am schönsten, Infos unter Tel. 06563/8279 | **Tipp** Im zweiten Teil des Weges – im sumpfigen Erlenau – warten seltene Moose und Farne auf Naturliebhaber.

100 Die Sonnenuhr

Wie spät ist es in Paris?

Im Stubachtal liegt einer der legendären Bauernhöfe. Legendär deshalb, weil früher besonders reiche Bauern neben ihren Hauptsitzen oft entlegene Landstriche bewirtschafteten und aufgrund dieses Vermögens »Bauernkönige« genannt wurden. Dem Hof der Widrechtshauser stattet man gern einen Besuch ab, weil auf der Südseite des Haupthauses eine spätgotische Sonnenuhr angebracht ist. Das Besondere an diesem Exemplar ist die internationale Zeitangabe. Warum war es Menschen aus dem 16. Jahrhundert wichtig, zu wissen, wie spät es gerade in Madrid oder Konstantinopel ist? Auch die Uhrzeiten in London, Paris, Rom, Wien und Jerusalem verrät dieses analoge Wunderding. Was die Schriftgröße angeht, überragt die Sonnenuhr in Uttendorf alle anderen.

1571 kamen die Zulehner auf das Gut und gaben die Sonnenuhr in Auftrag. 1580 konstruiert, inspiriert dieses Unikat zu allerlei Spekulation. Wollte man sich im tiefen Pinzgau mit den seinerzeitigen Metropolen verbunden wissen? Wollte man Uttendorf aufwerten oder sich einen Platz in der Welt geben? Wenn dieser Weiler einst ein Rastplatz war, mag es durchaus sinnvoll gewesen sein, die Uhrzeit der vielen Städte zu kennen. Schon im frühen Mittelalter war der im Besitz des Stiftes Millstatt befindliche Weiler eine Anlaufstelle für fahrende Händler, die die Tauern überquerten.

Es ist rätselhaft, warum sich dieses spätgotische Kunstwerk so viele Jahre hier der Sonne zugewandt hat. Märchenhaft mutet nicht nur die Geschichte der Sonnenuhr an, sondern auch die Sage »Die drei Könige von Pinzgau und die Wilde Frau«. Bei dieser ungewöhnlichen Ménage-à-trois soll schließlich die Wilde Frau durch das erboste Stampfen mit dem Fuß einen Abdruck im Fels hinterlassen haben. Der Abdruck ist jedenfalls ein paar hundert Meter vom Hof entfernt zu sehen. Die Frage, wie er dorthin gekommen ist, animiert ebenso zum Erzählen wie die Sonnenuhr auf dem Bauerngut.

Adresse Stubach 9, 5723 Uttendorf | Anfahrt von Uttendorf Zentrum circa 5 Kilometer auf der Stubachstraße bis zur unscheinbaren Abzweigung Stubach, wenige Meter danach Einmündung zum Widrechtshausner Hof | Öffnungszeiten ganzjährig von außen zu besichtigen | Tipp Nach dem Vorbild der Gnadenkapelle von Altötting wurde am Eingang von Widrechtshausen im Jahr 1722 eine achteckige Kapelle errichtet. Vor dem Altar steht eine geschnitzte »Schwarze Madonna«.

101 Das Naglköpfl

Ein Kraftplatz seit Jahrtausenden

Die Menschen der vergangenen Zeitalter unterschieden sich in den wesentlichen Fragen nicht von uns: Sie suchten einen sonnigen Platz, der leicht erreichbar sein sollte. Vermutlich waren das zwei entscheidende Argumente, warum sich schon die vom Balkan eingewanderten und als versierte Bergleute bekannten Illyrer das Naglköpfl zwischen Piesendorf und Niedernsill als Ort für ihre Knappensiedlung ausgesucht haben. Jedenfalls weisen Scherbenfunde darauf hin. In der Bronzezeit spielte der Bergbau eine entscheidende Rolle. Bronze besteht bis zu 90 Prozent aus Kupfer. Durch das Verschmelzen mit Zinn wird sie wesentlich härter. Der Bergbau im Pinzgau nahm ebenfalls in der Antike seinen Anfang. Um 400 vor Christus wanderten allmählich keltische Stämme ein. Es waren meist nur wenige hundert Menschen pro Generation, die im Pinzgau sesshaft waren und dem Land Nahrung und Schutz abgewinnen wollten.

Dass es eines Kraftplatzes bedurfte, versteht sich angesichts des rauen Lebens von selbst. Da brauchte es zwischendurch viel milde Sonne und einen stärkenden Boden.

Die Qualität des Kraftplatzes mag zur Erfolgsgeschichte der namensgebenden Walcher beigetragen haben. Gemeinsam mit den Felbern zählten sie zu den großen Geschlechtern im mittelalterlichen Pinzgau. Bis tief ins bayerische Land reichten ihre Besitzungen. Der Berühmteste von ihnen war Friedrich II. von Walchen. Als Erzbischof von Salzburg unterstützte er Ende des 13. Jahrhunderts König Rudolf von Habsburg gegen Ottokar und trug maßgeblich dazu bei, dass diese ursprünglich aus dem Schweizer Kanton Aargau stammende Familie für rund 650 Jahre das Schicksal Österreichs prägte. Interessant ist die Wortherkunft von »Walchen«, denn in ihr steckt die Bedeutung »Fremder«. So betrachtet erschließt sich der Sinn: Jeder fühlt sich manchmal fremd und hat einen Kraftplatz nötig. Diese Ausstrahlung hat das Naglköpfl bis heute bewahrt.

Adresse Walchen, 5721 Piesendorf | Anfahrt auf der B168 bis zur Friedrichstraße, dann über die Schiliftstraße und am besten zu Fuß zum Erlebnisberg Naglköpfl | Tipp Ganz in der Nähe kann man in einer original nachgebauten Holzfällerhütte – auch als Selde bezeichnet – rasten und sich ins Lebensgefühl der seinerzeitigen Holzknechte versenken.

102 Der VW auf der Wiese

Der artfremde Käfer im Gras

Aus einem Saumpfad nach Zell am Ziller 1631 entstanden, war die alte Gerlosstraße früher die einzige Verbindung nach Tirol. 1935 zur Bundesstraße ausgebaut, ist diese jetzt wieder nur eine Landesstraße mit unübersichtlichen Kurven, teils einspurig und mit einigen Schlaglöchern. Auch wenn die Route traumhafte Aussichten auf die Krimmler Wasserfälle und die Hohen Tauern bietet, ist man bald geneigt, die Anstrengung dieser Fahrt unterbrechen zu wollen.

Die Möglichkeit bietet sich beim Gasthaus Grübl – nicht allzu weit von Wald im Pinzgau entfernt –, umso mehr, als das erstaunte Auge plötzlich mit einem »riesigen Käfer« in der Wiese konfrontiert wird. Bei näherer Betrachtung merkt auch der laienhafte Insektenkenner, dass es sich dabei um eine Gattung des VW Käfers handelt, genauer gesagt um das Vorderteil eines Autos, welches da frech aus dem Hang der Böschung hervorschaut.

Was hat es mit diesem eigenwillig geparkten Auto also auf sich? Maria Kaiser, bis 2021 die Wirtin im Gasthaus Grübl, lacht. Der Ursprung der Idee war eigentlich ein Zufall. 2009 wurde ein Wirtschaftsweg errichtet. Der des Innenlebens beraubte Käfer stand untätig herum. Man bat den Baggerfahrer einfach, das Auto auf halber Höhe in den Hang zu heben. »Derfst des eh?«, fragte dieser, und schon war's geschehen. Der »Parkplatz« lud schon viele Gäste zum Anhalten ein. Da Fotos dieser Skurrilität sogar durch deutsche Medien gegangen sind, verstummten schließlich die Einwände am Stammtisch der Gemeinderäte. Dieses Auto ist ein rares Beispiel für Land-Art, denn immerhin ist es hier absichtslos gelandet, verweist aber auf die verhängnisvolle Beziehung von Mobilität und Natur. Ohne dass es dazu einer allzu klugen kunsthistorischen Interpretation bedürfte.

Betritt man nun das gemütliche Gasthaus durch den Garten, begegnet einem verspielte Kreativität – dekoratives Innenleben schafft anregende Behaglichkeit.

Adresse Lahn 10, 5742 Wald im Pinzgau, www.gruebl.at | Anfahrt von der B165 in Wald sofort nach dem Tunnel rechts abbiegen | Tipp In der Augentrostkapelle von 1768 an der alten Gerlosstraße vor Grübl befindet sich eine besondere Quelle. Wasser-Verehrer mit esoterischer Neigung behaupten, ihr Wasser weise aufgrund seiner Drehung eine rare Eigenschaft auf: Es faule nicht und könne deshalb jahrelang in der Flasche aufbewahrt werden.

103 Die Elisabethkapelle

Zwei selbstbewusste Frauen

Über die genaue Uhrzeit herrscht Uneinigkeit. Fest steht, es war tiefe Nacht, als Kaiserin Elisabeth – weltweit bekannt unter ihrem Kosenamen Sisi – am 9. August 1885 zum Aufstieg auf die Schmittenhöhe aufbrach, um dort den Sonnenaufgang zu genießen.

In Zell war sie schon zwei Tage früher mit dem eigenen Hofzug angekommen. Sisi hatte verständlicherweise das zu ihren Ehren benannte Hotel Kaiserin Elisabeth gewählt, das in der Zeller Gründerzeit zu den prächtigsten Häusern zählte. Da es die Schmittenhöhebahn noch nicht gab, wurden Gäste üblicherweise mit dem Schmitten-Wagerl über den Reitweg hinaufgebracht. Doch die sportliche Kaiserin wählte den Fußmarsch. Bergführer Anton Ulmann empfing sie mit einem beherzten: »Majestät, gemma hiaz?« Nach bloß etwas mehr als zwei Stunden waren sie schon am Gipfel, die flotte Kaiserin gefolgt vom atemlosen Bergführer.

Im Jahre 1908 ließ der damalige Besitzer des Berghotels Carl Haschke zum Andenken an die 1898 ermordete Kaiserin Elisabeth diese Kapelle errichten. Genau am zehnten Jahrestag des Attentats weihte Erzbischof Johannes Baptist Katschthaler sie ein. Doch in ihrem Innenraum wird klar: Hier geht es noch um eine andere Elisabeth. Nämlich um Elisabeth von Thüringen, ebenfalls eine eigenständige Frau. Um Klassenzugehörigkeit kümmerte sich die Aristokratin nicht, sondern um Barmherzigkeit. Am Fuß ihres Hofes, der berühmten Wartburg, errichtete sie ein Spital mit 28 Betten. Immer intensiver wurde ihre Hingabe für Arme und Kranke, ganz im Sinne ihres Vorbilds, des heiligen Franziskus. So weit ging die Rebellion, dass sie all ihre Privilegien abgab und sich ganz ihrer Mission widmete. Sie ist heute Patronin von Wohltätigkeitsvereinen.

Beim phänomenalen Ausblick auf etwa 30 Dreitausender gewinnt man an Zuversicht, dass die imponierende Haltung der beiden Elisabeths auch das eigene Leben inspiriert.

Adresse Schmittenhöhe, 5700 Zell am See | Anfahrt vom Stadtzentrum bis zum Ende der Schmittenstraße, mit der Schmittenhöhebahn zur Bergstation | Tipp An attraktiven Hütten fehlt es hier oben wahrlich nicht. Ein Stück weiter Richtung Sonnkogel liegt der mystische Wald, der acht Pinzgauer Sagen präsentiert und einem ein gutes Gespür für die erzählerische Kraft der Alpen vermittelt.

104 Die Gondel

Eine Meisterleistung aus dem Studio F. A. Porsche

Die Schmittenhöhebahn kostete 1,7 Millionen Schilling. Bedenkt man, dass das umgerechnet rund 125.000 Euro gewesen wären, hält man die Bahn für ein Schnäppchen. Allerdings wurde sie bereits 1927 erbaut. Damals war das richtig viel Geld. Die Finanzierung gelang durch den umtriebigen Landeshauptmann Dr. Franz Rehrl; unter anderem wurde eine Aktiengesellschaft gegründet. Rehrl prägte den Ausspruch: »Zu Weihnachten muss gefahren werden!« Das gelang nicht ganz, aber als die Sektkorken zu Silvester knallten, ging es bergauf. Die erste Personenseilbahn Salzburgs hat viele Gondeln erlebt. Bei der ersten Generation musste man die Skiausrüstung noch in ein Ablagefach an der Unterseite legen. Erst die Nachfolgerin bot Menschen mit Skiern genug Platz.

Von 1967 bis 2009 drückte die »rote Gondel« aufs Tempo. Dank der Erneuerung der Tragseile, moderner Tragseilschuhe und eines innovativen Spannschachts war man in rund acht Minuten am Berg. Seit dem 12. Dezember 2009 ist die »Porsche-Design-Gondel« im Einsatz. Mit ihrer silbernen Hülle gleitet sie lautlos über die Stützen und bringt bis zu 44 Personen in 6,5 Minuten rauf zur Schmitten.

Roland Heiler vom legendären Studio F. A. Porsche hat sie designt. Dank des Metallic-Looks mit viel Glas, leichtem Aluminium und Glasfaser bekommt man ein Gefühl für Außerirdische, die in ihren Ufos durchs All jagen – zumindest stellt man sich das so vor. Besonders die Lichtdurchlässigkeit macht die Reise in der Gondel zu einer Panoramafahrt.

Wem das nicht genügt, der findet sogar eine mobile Bar und ein hochwertiges Multimediasystem vor, das sich bestens für besondere Anlässe oder private Festlichkeiten eignet. Der an allen sechs Seiten kunstvoll beschnittene Körper der Gondel schafft trotz Aluminium und Glas eine Geborgenheit spendende Hülle. Diese Anmut gefiel der Jury des »German Design Award 2013«, welche die »Porsche-Design-Gondel« zum Sieger kürte.

Adresse Schmittenstraße 119, 5700 Zell am See, www.schmitten.at | Anfahrt vom Stadtzentrum bis zum Ende der Schmittenstraße | Öffnungszeiten ganzjährig, Auskunft unter Tel. 06542/789211 | Tipp »Kunst am Berg« heißt eine seit mehr als 20 Jahren das Wandern kreativ begleitende Ausstellung von 30 Skulpturen – passend zu den 30 Dreitausendern, die man von der Schmittenhöhe aus sehen kann.

105 Der heilige Hippolyt

Wenn ein Gebäude mit Vergangenheit prahlt

Denken Sie manchmal über Spolien nach? In der Stadtpfarrkirche zum heiligen Hippolyt kann das sehr ergiebig sein. Denn neben dem Eingang zur Sakristei findet sich ein quer stehender Reliefstein mit zwei keltisch-römischen Köpfen. Bestimmt ist dieser Stein der älteste am Zeller See, der noch einen architektonischen Nutzen stiftet. Unter Papst Gregor I. erging Ende des 6. Jahrhunderts der Erlass, dass heidnische Reste in Kirchen eingearbeitet werden sollten, um den Sieg des Christentums baulich zu manifestieren. Das lateinische Wort *spolium* bedeutet »Beute«. Doch ohne Heidentum kein Christentum. Der Historiker Rainer Hochhold hat die Chronik von Zell am See geschrieben und vermutet, dass die Stadtgeschichte viel älter ist als bislang gedacht.

Einiges spricht für einen vorchristlichen Kultplatz. Die Stelle ist schon im 8. Jahrhundert als Bauplatz einer Kirche beurkundet. Stil folgte auf Stil: von der ottonischen Saalkirche über die romanische Basilika bis zur gotischen Kirche. Dass sie St. Hippolyt geweiht ist, ist in Österreich ungewöhnlich. Nur St. Pölten hat ihn ebenfalls als Namenspatron gewählt. Der Name des Märtyrers bedeutet sinngemäß: »der die Pferde loslässt«. Dabei zeigt der Schlussstein im Gewölbe über dem Altar das Gegenteil: Hier wird Hippolyt von zwei Pferden zerrissen. Wie um viele Heilige ranken sich auch um ihn Legenden. Manche Historiker nehmen an, dass es zwei Menschen namens Hippolyt gegeben und der eine in Porto, der andere in Rom gewirkt habe. Allmählich seien beide Biografien zu einer geworden.

Eine Zerreißprobe für Kirchenrestauratoren ist die Frage, welche kunsthistorische Epoche bewahrt, welche verdeckt werden soll. Links und rechts des Hochaltars erblickt man die spätgotischen Fresken des Evangelisten Johannes und seines Namensvetters, des Täufers. Deren Körper erscheinen so fragil, als würde dies die universelle Frage an uns richten: Welches Handeln hat Bestand?

Adresse Stadtplatz 5b, 5700 Zell am See | Anfahrt vom Bahnhofplatz über die Bahnhofstraße direkt zur Pfarrkirche St. Hippolyt | Öffnungszeiten täglich 7–19 Uhr | Tipp Neben der Kirche befindet sich die Marienkapelle mit einem Bild der Madonna im Ährenkleid. Auf »Boarisch«, also Pinzgauerisch, nennt man sie »Woazfrau« – die Weizenfrau, die reiche Ernte bringen soll.

106 Der Österreichbrunnen

Die gerade Linie ist gottlos und unmoralisch

Friedensreich Hundertwasser ist einer jener Österreicher, die nicht nur in der Heimat weltberühmt sind. Der Maler wurde 1928 in Wien geboren. Den Künstlernamen gab sich der bürgerlich Stowasser Benannte in Anlehnung an das slawische Wort »sto«, das »hundert« bedeutet. Hundertwasser war ein Tausendsassa und auch als Architekt und Umweltschützer aktiv. Unzählige Projekte verwirklichte der Allroundkünstler bis zu seinem Tod im Jahr 2000.

Drei Jahre danach eröffnete beim Grand Hotel Zell am See der Österreichbrunnen. 1996 konzipierte Hundertwasser den Österreichbrunnen. Die grundlegende Idee war, eine ökologische Landschaftsinstallation zu schaffen, welche Wasser zirkulieren lässt. Die natürliche Ressource eines Teichs oder Sees sollte dabei als Quelle dienen. Bis zum höchsten Punkt des Brunnens sollte das Wasser aufsteigen und dann – Stufe für Stufe – zurück zum Boden fließen. Ökologie bedeutet auch, dass es sich um einen homogenen Kreislauf handelt, wie dieses Bauwerk demonstriert.

Einige Jahre später kam die Idee der Bundesländer hinzu. Jede Säule des Brunnens repräsentiert deshalb ein österreichisches Bundesland. Die jeweilige Höhe entspricht der Bevölkerungszahl. Aus diesem Grund ragen die Säulen von Wien und Niederösterreich empor, da diese Spitzenreiter in der Bevölkerungsstatistik sind und dies sicher noch lange bleiben. Die Farben der Säulen sollten proportional dem Anteil der Farben in jedem Bundesländer-Wappen entsprechen.

Ein bekanntes Zitat des Allroundkünstlers lautet: »Unsere modernen Bauten sind betongewordene Schnapsideen.« Mit Farben, Formen und Materialien, die sich vom Beton abgrenzen, wurde auch der Österreichbrunnen geschaffen. Ausgeführt wurde er vom Skulpteur Hans Muhr. Die Bauplanung verantwortet hat der jahrelang mit dem Künstler kooperierende Peter Pelikan. Aber gäbe es Wilfried Holleis nicht, den Besitzer des Grand Hotels, dann würde dieser Brunnen hier nicht stehen.

Adresse Seegasse, 5700 Zell am See | **Anfahrt** vom Stadtzentrum in die Seegasse und bis zum See, Parkhaus in der Salzmannstraße | **Tipp** Auf der Terrasse des Grand Hotels lässt es sich sinnieren. Interessantes historisches Detail: Der Erbauer hat das Kapital vor 125 Jahren als Kellner und Cafetier in Stuttgart erwirtschaftet.

107_Die Säge

Wo Sägen und Bierkrüge beisammenstehen

40 der etwa 1.200 Bierkrüge stehen meist zum Putzen auf dem Tisch bei Fritz Sendlhofer, weltmeisterlicher und olympisch preisgekrönter Bartträger, deswegen auch »Garibaldi« genannt. Eine beschauliche Arbeit, bei der das selbst gebraute Bier ein willkommener Begleiter ist. Wer mag wohl seine Lippen in durstiger Erwartung an den kleinsten oder größten der Bierkrüge gepresst haben?

Ursprünglich ging es dem Bierkrugsammler Fritz ja um Sägen und Äxte von seinem Vater, die der Sohn eines Holzfällers im Haus am Sonnberg bewahrte. Nach Wanderjahren in Bayern war der geborene Gasteiner hier gelandet. Rasch verbreitete sich die Kunde, dass da jemand Sägen sammle. So bekam er Exponate aus aller Welt zugeschickt. Bald wurde die einst anderswo befindliche Holzfällerhütte hier wiederaufgebaut. Heute beherbergt sie als Privatmuseum mit über 2.500 Exponaten die vermutlich größte Sägensammlung der Welt. Fritz war in seiner Eigenschaft als Bartweltmeister bis Las Vegas unterwegs und wird heute noch als Model und Statist in einschlägigen Filmen angefragt. Nebenbei baute er eine kleine Bierbrauerei – daher die zahlreichen Bierkrüge.

Das Prunkstück der Sammlung ist eine 2.000 Jahre alte Säge, geschenkt von einem Archäologen-Ehepaar. Aber wo versteckt sie sich? Die große Schwingsäge im Garten ist leicht zu entdecken, doch das besondere Stück wird in einer Vitrine verwahrt, wo es zwischen Medaillen und Urkunden seinen Platz behauptet. Die circa 70 Zentimeter lange Eisensäge ist ein kostbares Gut. Ein Geheimnis, das kaum zu lüften ist, ist ihr Fundort – Archäologen sind eben manchmal auch verschwiegen.

Hoch über dem glitzernden Zeller See hat Fritz sein seltenes Museumsreich eingerichtet. Schon allein deshalb lohnt der Weg rauf auf den Sonnberg. Wer ein Foto von ihm machen möchte, muss sich anmelden, denn ohne Bartpflege lässt sich der Bartweltmeister nicht ablichten.

Adresse Sonnberg 42, 5700 Zell am See | Anfahrt von der Brucker Bundesstraße in die Schillerstraße einbiegen, rechts die Bergstraße und über die Dr.-Müller-Promenade in die Sonnbergstraße | Öffnungszeiten nach persönlicher Vereinbarung mit Fritz Sendlhofer unter Tel. 0664/3228213 oder per E-Mail: olympiasieger@live.at | Tipp Ein Wanderweg führt zum 4,7 Kilometer entfernten Pfefferbauer (Einöd 70), wo man erkunden kann, ob die g'schmackigen Pinzgauer Kasnockn so gut schmecken, wie allgemein gelobt wird.

108 Das Schmiderer-Kabinett

Eine Galerie, um das Gestern zu bewahren

Kurator Lukas H. Schmiderer, Mitarbeiter des Pinzgauer Bezirksarchivs, stammt aus einer tief im Land verwurzelten Künstlerfamilie. Sein Ururgroßvater Martin Schmiderer eröffnete 1883 mit seiner Frau das wohl erste Souvenirgeschäft in Zell am See. Hier konnten Touristen seine selbst gemalten Reiseandenken und Postkarten aus dem eigenen Verlag erwerben. Heute gelten diese Kunstwerke als frühe Zeugnisse der Heimat und sind begehrte Stücke in Sammlerkreisen. Zudem malte er Naturbilder in Öl und Aquarell.

Lukas' Vater und Großvater sowie sein Onkel sammelten über die Jahre Dokumente und Heimatkundliches. Dadurch entstand das Kabinett im Schmidererhaus. So klein es mit seiner Ausstellungsfläche von 4,5 Quadratmetern erscheint, so groß ist seine Vielfalt. In der Regel gibt es jedes Quartal eine neue Sonderschau, die sich mit Pinzgauer Traditionen, mit ursprünglicher Kunst und Kultur befasst. »Ich möchte dem Niedergang klassischer Heimatmuseen etwas entgegensetzen«, formuliert Lukas sein Credo.

So bieten die Fundstücke des Kabinetts, die aus Nachlässen und Funden aller Art zusammengetragen wurden, oft überraschende Einblicke. Einmal konnte man so Erkenntnisse über das Leben und Wirken der Volkstanzforscherin Ilka Peter gewinnen, die auch über das traditionelle Hundstein-Ranggeln geschrieben hat. Ein anderes Mal waren Objekte des historischen Zeller Radfahrvereins ausgestellt. Da Räder vor mehr als 120 Jahren erheblich teurer waren, erzielten Radler einen Distinktionsgewinn. Mit der industriellen Fertigung von Rädern war es vorbei mit dem Statussymbol und dem Radverein. Als Gaureferent ist Lukas zudem für Krampusdarstellungen aller Art ein Quell des Wissens. »Geschichte erleben« lautet das Motto der gezeigten Objekte. Die nicht kommerzielle Ausrichtung der Galerie bewahrt mit den ständig wechselnden Sonderschauen manche Pinzgauer Besonderheit vor dem Vergessen.

Adresse Salzmannstraße 6, 5700 Zell am See | **Anfahrt** vom Stadtplatz Zell am See in Richtung See in 1 Minute über die Kreuzgasse erreichbar | **Öffnungszeiten** persönliche Führung mit Lukas Schmiderer nach Vereinbarung per E-Mail: lukas.schmiderer@sbg.at | **Tipp** Wer durch die Besichtigung animiert worden ist, findet im Pinzgauer Bezirksarchiv – nur ein paar Schritte weiter – viele historische Fotos und Publikationen.

109_Die Tresterer

Rituale, um mit dem Boden in Verbindung zu sein

Es wird vermutet, dass das Wort »trestern« mit dem Dreschen von Getreide zusammenhängt. Schließlich ist der Kern dieser Tradition ein feierliches Ritual, um die Fruchtbarkeit zu beschwören. So spielt der Tanz eine relevante Rolle bei den jährlichen Perchtenläufen, die an den Donnerstagen im Advent sowie am Thomastag und am Dreikönigstag stattfinden. Der dunkelsten Jahreszeit etwas Helles entgegenzusetzen, das ist die entscheidende Absicht dieses seit mindestens Anfang des 19. Jahrhunderts entwickelten Brauchtums.

Im Vogtturm ist das Kostüm des 2015 verstorbenen Hermann Schmiderer ausgestellt. Vor allem ihm ist es zu verdanken, dass in Zell auch heute noch Menschen mit Schönperchten von Haus zu Haus ziehen. Anhand des klassischen Kleidungsstücks wird sowohl die Farbenpracht als auch die Symbolik deutlich. Denn die abgebildete Ähre soll die künftige Ernte sichern, und die kostbaren Brokatstoffe – mit den Kultfarben Rot für Abwehr und Weiß für Reinheit – sollen Frieden, Gesundheit und Glück verheißen. Durch den ekstatischen Tanz der Tresterer schwingt der ganze Boden. »Je höher der Percht springt, desto höher wächst das Getreide«, zitiert der Trestererpass-Archivar Lukas Schmiderer einen historischen Gerichtspfleger. Der Wortzusatz »Pass« bezeichnet eine Gruppe, denn als solche sind sie unterwegs.

Das Trestern konnte nie wirksam verboten werden. Vielleicht wegen der weißen Hahnenfedern? 50 von ihnen wehen im Wind, wenn sich der Tresterer mit seiner goldverzierten Krone im Takt bewegt wie beim Dreschen des Getreides mit den Flegeln. Die magisch anmutenden Schönperchten sind mit weiteren Charakteren unterwegs. So gehören etwa Hühnerpercht und Krapfenschnapper dazu. Übrigens schnappen sich nach der Zeremonie alle etwas Lukullisches: Mit Speck, Keksen, Kletzenbrot oder auch Käse werden die wertvollsten Produkte aus der eigenen Erzeugung der Bauern gemeinsam genossen.

Adresse Stadtplatz 8, 5700 Zell am See | Anfahrt beim Steinerwirt und Hotel zum Hirschen in die Dreifaltigkeitsstraße einbiegen, von dort gut 50 Meter zu Fuß | Tipp Inmitten des Hauptplatzes von Zell steht der Brunnen, der auf einige historische Großereignisse verweist. Interessant ist die Pose des Knaben, ist doch genau über der Tafel, die auf die Errichtung der städtischen Kanalisation hinweist, sein zierlicher Po zu sehen.

110 Der Vogtturm

Die Hexenabflugrampe verspricht besonderen Service

Der mittelalterliche Vogtturm im Herzen von Zell am See beherbergt ein 2020 renoviertes Museum zur Stadt- und Landesgeschichte. Der Turm selbst ist ein einprägsames Exponat. In seinen fünf Stockwerken reist man von der Bronzezeit bis zur Gegenwart, die vielleicht einmal Lithiumzeit heißen wird.

Ob hier je ein Vogt residiert hat? Sicher ist, dass die Familie Kastner, die mit einer Gedenktafel gewürdigt wird, einige Jahrzehnte im Besitz des Turms war. Deshalb heißt er auch Kastnerturm. So fern vom Vogt ist der Kastner nicht, beides sind historische Beamtentitel. Wer mit Kustos Erich Erker die Objekte betrachtet, erfährt einiges über die alten Saumwege im Mittelalter und das Wechselspiel von Bergbau und Reichtum im Pinzgau. Obwohl die Errichtung des Turms nicht exakt datierbar ist, weiß man, dass Bischof Arn von Salzburg in seiner 788 verfassten »Notitia Arnonis« die Mönchszelle in »Bisonzio« erwähnte. Dokumente bestätigen die Existenz eines Turms im 15. Jahrhundert. Mitte des 17. Jahrhunderts soll das Gebäude auch als Gefängnis genutzt worden sein. Der Turm ist jedenfalls ein Kleinod mit barocken Stuckdecken, kuscheligen Fensternischen mit gemauerten Sitzbänken und, dank der Restaurierung, anschaulichen Wanddetails, vom Mauerwerk bis zur Ansicht historischer Wandschichten – ein Fundus an Entdeckungen. Durch Gemälde und Artefakte wird die Entwicklung vom malerischen Städtchen zum Tourismusort fassbar. Die Gründerzeithotels von einst sind leider bloß auf alten Fotografien zu bewundern.

Ein solches Gebäude ist nicht gern für sich allein. Deshalb ist im vierten Obergeschoss ein Veranstaltungssaal untergebracht, der die ursprüngliche Holzdecke samt stattlich in die Jahre gekommenen Holzbalken offenbart. Klug ist das Alte mit dem Neuen verbunden. Interaktive Möglichkeiten, spielerisch Wissen zu erwerben, beispielsweise in Form des Angelns – neben einem original Zeller Schinaggl (Schiff) –, machen den Besuch zum denkwürdigen Erlebnis.

Adresse Stadtplatz 8, 5700 Zell am See | Anfahrt beim Steinerwirt und Hotel zum Hirschen in die Dreifaltigkeitsstraße einbiegen, von dort gut 50 Meter zu Fuß | Öffnungszeiten ganzjährig Mi–So 14–18 Uhr, Fr–So auch 10–12.30 Uhr | Tipp Wenige Meter vom Vogtturm entfernt liegt Schloss Rosenberg. Einst lagerten hier die Schätze des Vogtturms, heute befindet sich darin das Zeller Rathaus. Am Runderker prangt das Stadtwappen aus weißem Marmor.

111 Friedrich Guldas Flöte

Im Atelier von Roswitha Klaushofer

Man würde eher einen VW Golf hinter der Tür vermuten. Doch die PS, die sich in dieser Garage verbergen, sind Pferdestärken der Kreativität. In Roswitha Klaushofers Atelier stehen dicht aneinandergeschmiegt Skulpturen. Es sind zarte, lange Körper oder Gesichter, die den Besucher mit großen Augen anblicken. Roswithas Gedichte eröffnen Klangräume dazu. Mit ihrem Gedichtband »Spezies« ergründet sie den sich selbst immer wieder fremden und deshalb neugierig machenden Menschen: »Austausch und Widerruf / ungesättigte Räume«, heißt es einmal. Als wäre dies eine Beschreibung des Ateliers, in dem der Dialog vibriert.

Geradezu ertönt. Denn inmitten der Skulpturen steht eine Flöte voller Geschichte. Einst wurde sie von Friedrich Gulda gespielt, einem der exzentrischsten und vielseitigsten Musiker und Komponisten Österreichs der letzten Jahrzehnte. Er spielte mit dem ebenso legendären Joe Zawinul. Jazz wie Klassik – vieles verehrte Gulda. Insbesondere den bekanntesten Wolferl weltweit. Wie eine magische Fügung erscheint es, dass Friedrich Gulda am 27. Jänner 2000 starb; am Geburtstag von Wolfgang Amadeus Mozart.

Wie kommt denn diese Flöte in ein Atelier, das als Garage getarnt ist? Nach Zellermoos? Julia Klaushofer – Roswithas Tochter – ist Musikerin mit Leib und Cello. Und mit Blockflöte. Am 30. April 2012 hat sie Guldas Violoncello-Konzert für eine CD-Aufnahme einstudiert und dabei mit Michael Honzak gespielt. Michael erhielt als langjähriger Freund von Gulda einige Instrumente des Komponisten vor dessen Tod als Geschenk.

Die Blockflöte hier im Atelier ist dann weitergegeben worden – von Michael an Julia. Sie wiederum stellt Roswitha die Flöte für die Ausstellung zur Verfügung. Das Instrument ist praktisch Mitglied einer musikalischen Patchwork-Familie. Dabei ist es selbst ein wenig Patchwork – mit seinem Mittelstück aus Rosenholz und den Fuß- und Kopfteilen aus Ebenholz.

Adresse Zellermoosstraße 29, 5700 Zell am See-Zellermoos | Anfahrt auf der Kaprunerstraße von Schüttdorf kommend rechts in die Zellermoosstraße abbiegen und bis zum Richard-Strauß-Weg, von hier nur wenige Schritte zum Atelier | Öffnungszeiten nach Vereinbarung unter Tel. 0664/9940206 | Tipp In Zell am See hat der bekannte Architekt Lois Welzenbacher 1929 für ein Paradebeispiel der Neuen Sachlichkeit in der Pinzgauer Architektur gesorgt. Heute ist hier das Musikum Salzburg untergebracht, eine Schule für exzentrische oder einfach begeisterte Musiker von morgen.

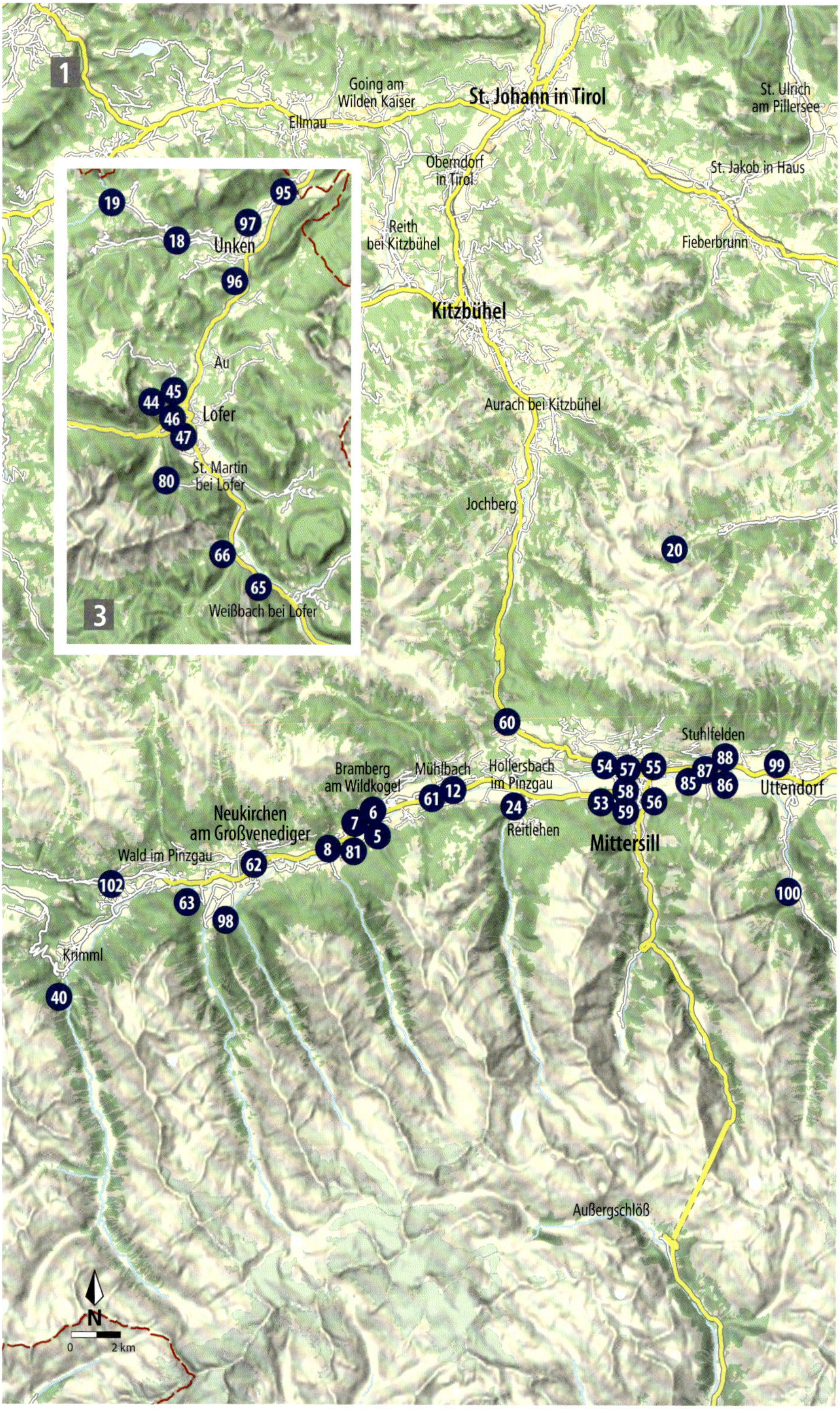

1
Going am
Wilden Kaiser
St. Johann in Tirol
St. Ulrich
am Pillersee
Ellmau
Oberndorf
in Tirol
St. Jakob in Haus
Reith
bei Kitzbühel
Fieberbrunn
Kitzbühel
Aurach bei Kitzbühel
Jochberg
20
19
95
97
18
Unken
96
Au
45
44
46
Lofer
47
St. Martin
bei Lofer
80
66
65
3
Weißbach bei Lofer
60
Stuhlfelden
88
99
54
57
55
87
85
86
Uttendorf
Bramberg
am Wildkogel
Mühlbach
Hollersbach
im Pinzgau
61
12
53
58
56
59
24
6
7
5
Reitlehen
Mittersill
Neukirchen
am Großvenediger
8
81
Wald im Pinzgau
62
102
63
98
100
Krimml
40
Außergschlöß
N
0
2 km

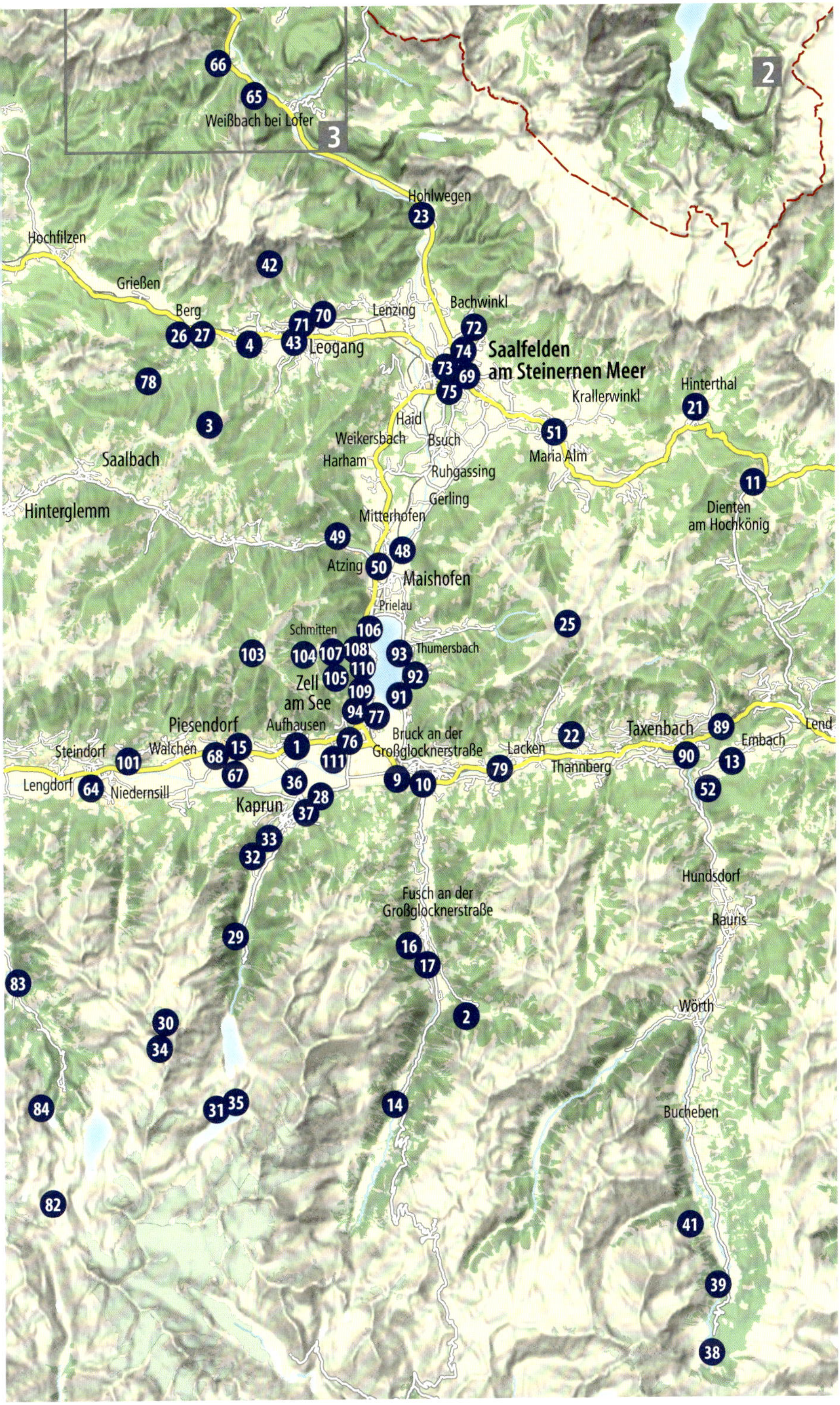

Weißbach bei Lofer
Hohlwegen
Hochfilzen
Grießen
Berg
Lenzing
Bachwinkl
Leogang
Saalfelden am Steinernen Meer
Hinterthal
Krallerwinkl
Haid
Weikersbach
Bsuch
Saalbach
Harham
Maria Alm
Ruhgassing
Hinterglemm
Gerling
Dienten am Hochkönig
Mitterhofen
Atzing
Maishofen
Prielau
Schmitten
Thumersbach
Zell am See
Piesendorf
Aufhausen
Taxenbach
Lend
Embach
Steindorf
Walchen
Bruck an der Großglocknerstraße
Lacken
Thannberg
Lengdorf
Niedernsill
Kaprun
Hundsdorf
Fusch an der Großglocknerstraße
Rauris
Wörth
Bucheben

Sabine M. Gruber
111 Orte in den Wiener Alpen, die man gesehen haben muss
ISBN 978-3-7408-1213-3

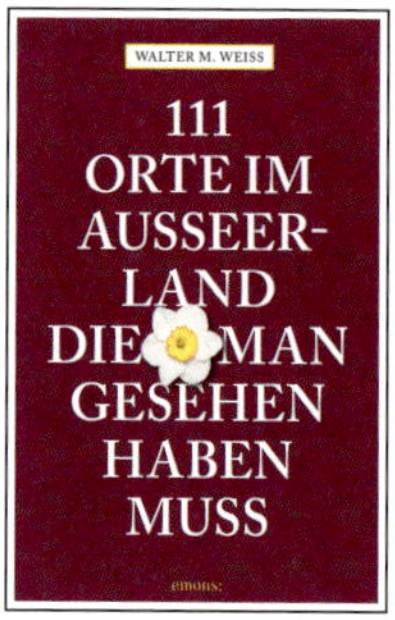

Walter M. Weiss
111 Orte im Ausseerland, die man gesehen haben muss
ISBN 978-3-7408-1464-9

Georg Renöckl
111 Orte im Mühlviertel, die man gesehen haben muss
ISBN 978-3-7408-1431-1

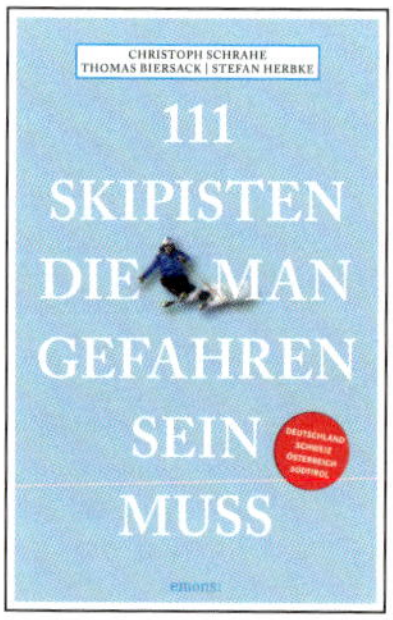

Christoph Schrahe,
Stefan Herbke, Thomas Biersack
111 Skipisten, die man gefahren sein muss
ISBN 978-3-7408-1600-1

Peter Eickhoff
111 Orte in Wien, die man gesehen haben muss
ISBN 978-3-7408-1521-9

Kristof Halasz
111 Orte in Vorarlberg, die man gesehen haben muss
ISBN 978-3-7408-1570-7

Sophie Reyer
111 Wiener Orte und ihre Legenden
ISBN 978-3-7408-1533-2

Andrea Nagele
111 Orte in Klagenfurt und am Wörthersee, die man gesehen haben muss
ISBN 978-3-7408-1093-1

Rolando N. Grumt Suárez
111 Orte in Hallstatt, die man gesehen haben muss
ISBN 978-3-7408-0858-7

Franz Hlavac, Gisela Hopfmüller
111 Orte in Kärnten, die man gesehen haben muss
ISBN 978-3-7408-1077-1

Bernadette Németh
111 Orte rund um den Neusiedler See, die man gesehen haben muss
ISBN 978-3-7408-1078-8

Patricia Szilagyi
111 extreme Orte in Europa, die man gesehen haben muss
ISBN 978-3-7408-0863-1

Georg Renöckl
111 Orte im Mostviertel, die man gesehen haben muss
ISBN 978-3-7408-1074-0

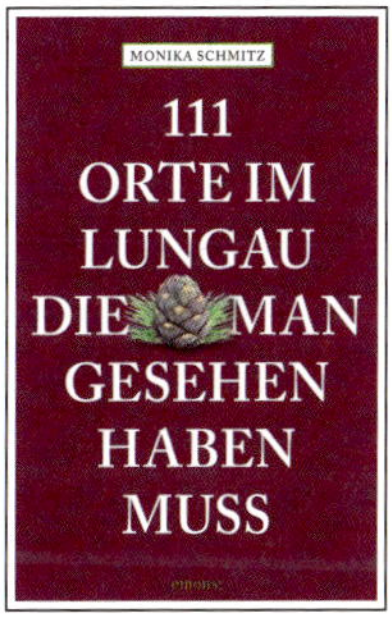

Monika Schmitz
111 Orte im Lungau, die man gesehen haben muss
ISBN 978-3-7408-1309-3

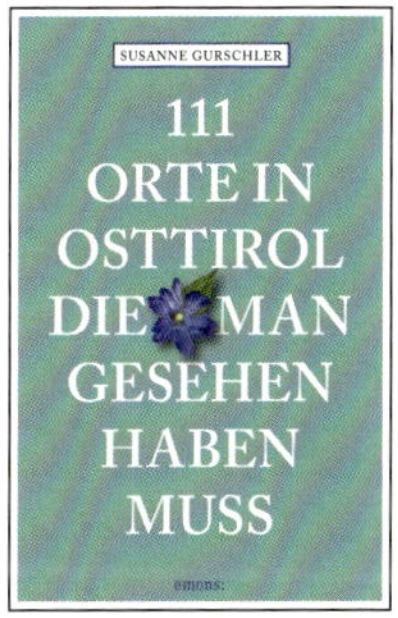

Susanne Gurschler
111 Orte in Osttirol, die man gesehen haben muss
ISBN 978-3-7408-0847-1

Gerhard Hohlstein,
Günther Pfeifer,
Franziska Wohlmann-Pfeifer
111 Orte im Weinviertel, die man gesehen haben muss
ISBN 978-3-7408-0843-3

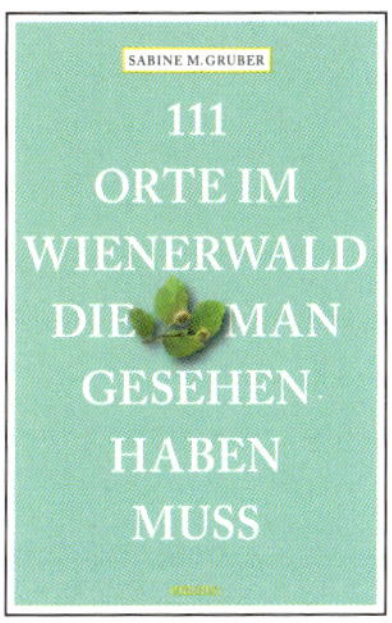

Sabine M. Gruber
111 Orte im Wienerwald, die man gesehen haben muss
ISBN 978-3-7408-0844-0

Daniela Dejnega, Luzia Schrampf
111 Weine aus Österreich, die man getrunken haben muss
ISBN 978-3-7408-0618-7

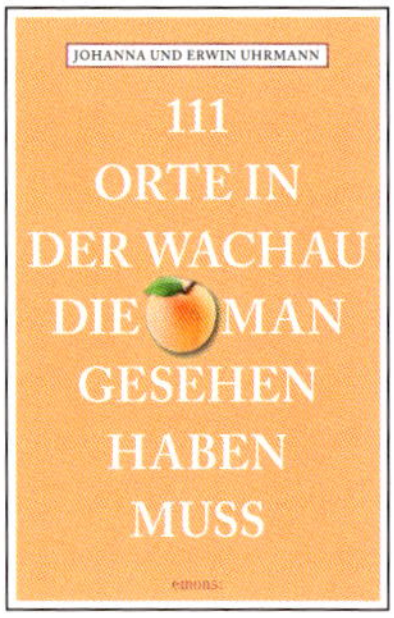

Johanna Uhrmann,
Erwin Uhrmann
111 Orte in der Wachau, die man gesehen haben muss
ISBN 978-3-7408-0565-4

Gerald Polzer, Stefan Spath
111 Orte in der Steiermark, die man gesehen haben muss
ISBN 978-3-7408-0140-3

Robert Preis
111 schaurige Orte in der Steiermark, die man gesehen haben muss
ISBN 978-3-7408-0445-9

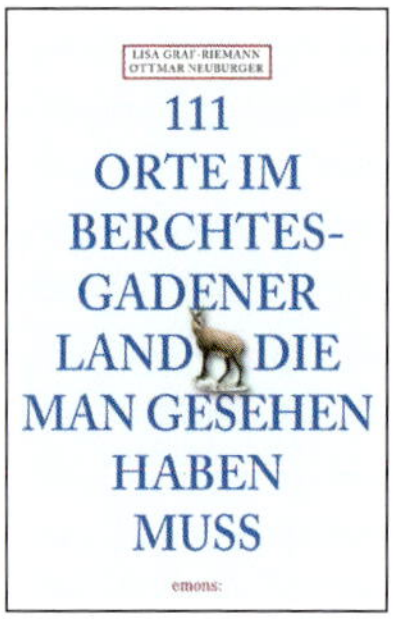

Lisa Graf-Riemann,
Ottmar Neuburger
111 Orte im Berchtesgadener Land, die man gesehen haben muss
ISBN 978-3-89705-961-0

Gerald Polzer, Stefan Spath
111 Orte in Graz, die man gesehen haben muss
ISBN 978-3-95451-466-3

Johanna Uhrmann,
Erwin Uhrmann
111 Orte im Waldviertel, die man gesehen haben muss
ISBN 978-3-7408-0346-9

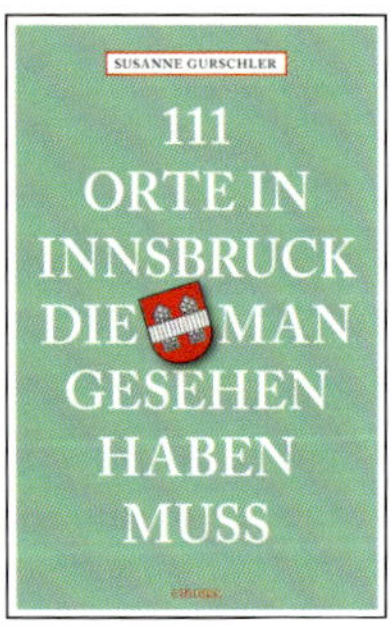

Susanne Gurschler
111 Orte in Innsbruck, die man gesehen haben muss
ISBN 978-3-7408-0343-8

Gerald Polzer, Stefan Spath
111 Orte in Oberösterreich, die man gesehen haben muss
ISBN 978-3-95451-857-9

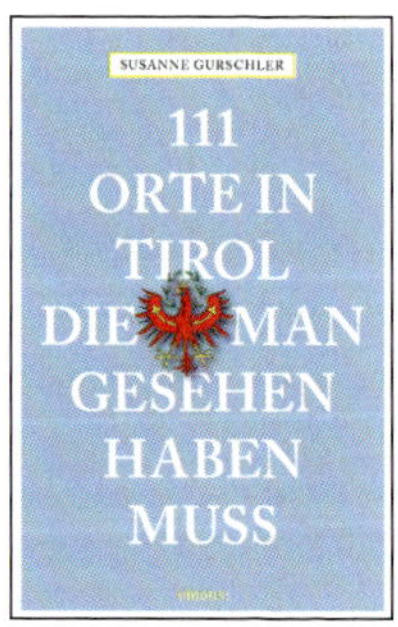

Susanne Gurschler
111 Orte in Tirol, die man gesehen haben muss
ISBN 978-3-95451-834-0

Lisa Graf-Riemann, Ottmar Neuburger
111 Orte vom Wilden Kaiser bis zum Dachstein, die man gesehen haben muss
ISBN 978-3-7408-0138-0

Astrid Süßmuth
111 Orte im Werdenfelser Land, die man gesehen haben muss
ISBN 978-3-7408-0118-2

Evelyn Pschak von Rebay
111 Mal sauguad essen in München
ISBN 978-3-7408-1354-3

Martin Droschke
111 Kirchen in Franken, die man gesehen haben muss
ISBN 978-3-7408-1468-7

Christian Gehl
111 Badeplätze in und um München, die man kennen muss
ISBN 978-3-7408-1423-6

Dorothea Steinbacher
111 Wallfahrtsorte in Oberbayern, die man gesehen haben muss
ISBN 978-3-7408-1284-3

Reiner Vogel
111 Orte in Niederbayern, die man gesehen haben muss
ISBN 978-3-7408-1545-5

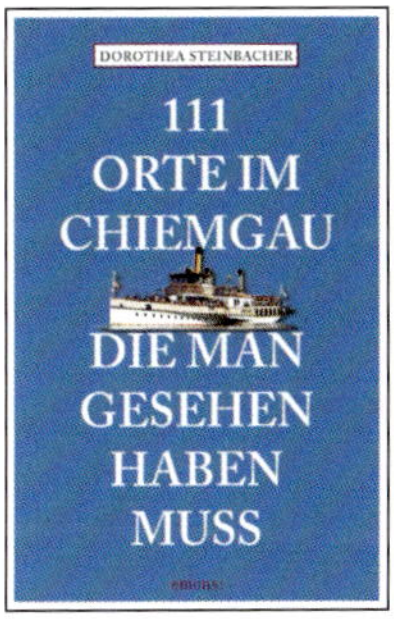

Dorothea Steinbacher
111 Orte im Chiemgau, die man gesehen haben muss
ISBN 978-3-7408-1160-4

Rüdiger Liedtke
111 Orte in München, die man gesehen haben muss, Band 1
ISBN 978-3-7408-1298-0

Rüdiger Liedtke
111 Orte in München, die man gesehen haben muss, Band 2
ISBN 978-3-7408-1514-1

Rüdiger Liedtke
111 Münchner Meisterwerke, die man gesehen haben muss
ISBN 978-3-7408-1297-3

Bernhard Horsinka,
Renate Bugyi-Ollert
111 Orte in und um Würzburg die man gesehen haben muss
ISBN 978-3-7408-1343-7

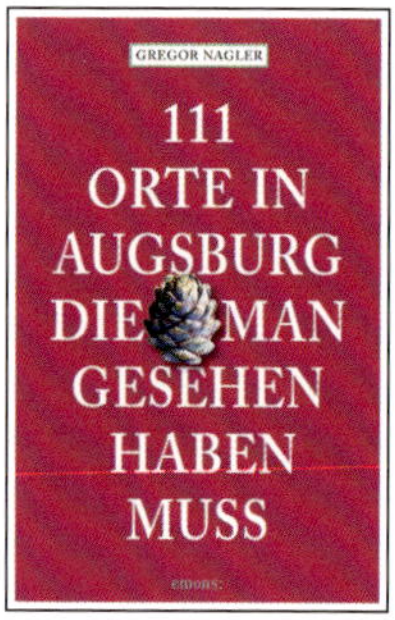

Gregor Nagler
111 Orte in Augsburg, die man gesehen haben muss
ISBN 978-3-7408-1422-9

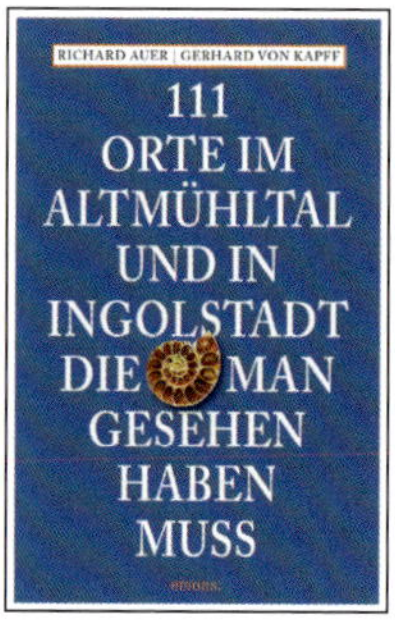

Richard Auer,
Gerhard von Kapff
111 Orte im Altmühltal und in Ingolstadt, die man gesehen haben muss
ISBN 978-3-7408-1472-4

Jochen Reiss
111 Orte im Fünfseenland, die man gesehen haben muss
ISBN 978-3-7408-1419-9

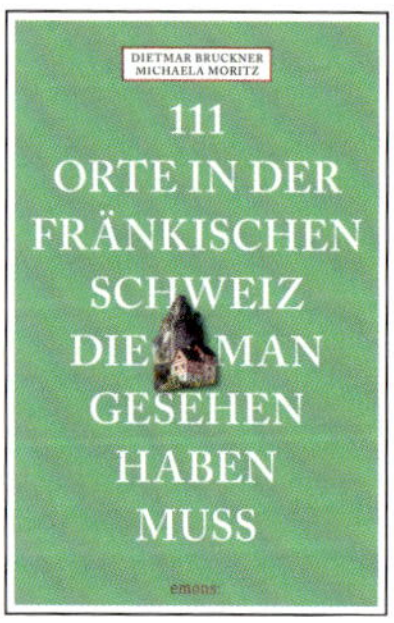

Dietmar Bruckner,
Michaela Moritz
111 Orte in der Fränkischen Schweiz, die man gesehen haben muss
ISBN 978-3-7408-1089-4

Martin Droschke
111 Biere aus Altbayern und Bayerisch-Schwaben, die man getrunken haben muss
ISBN 978-3-7408-1069-6

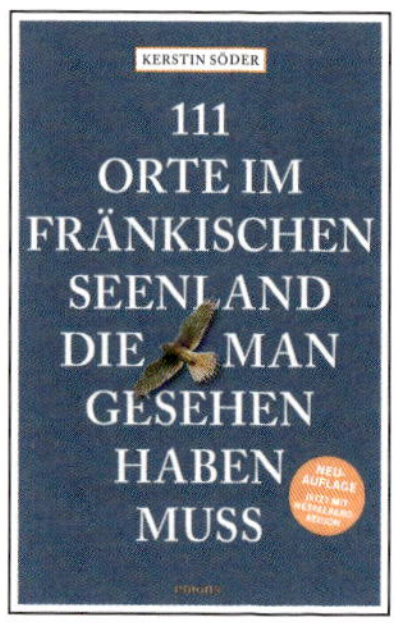

Kerstin Söder
111 Orte im Fränkischen Seenland, die man gesehen haben muss
ISBN 978-3-7408-1072-6

Dietmar Bruckner, Jo Seuß
111 Orte in Nürnberg, die man gesehen haben muss
ISBN 978-3-7408-1019-1

Cornelia Ziegler
111 Orte im Allgäu, die man gesehen haben muss
ISBN 978-3-7408-1278-2

Sabine Becht, Sven Talaron
111 Orte in und um Bamberg, die man gesehen haben muss
ISBN 978-3-7408-1186-0

Marko Roeske
111 Orte im Bayerischen Wald, die man gesehen haben muss
ISBN 978-3-7408-1184-6

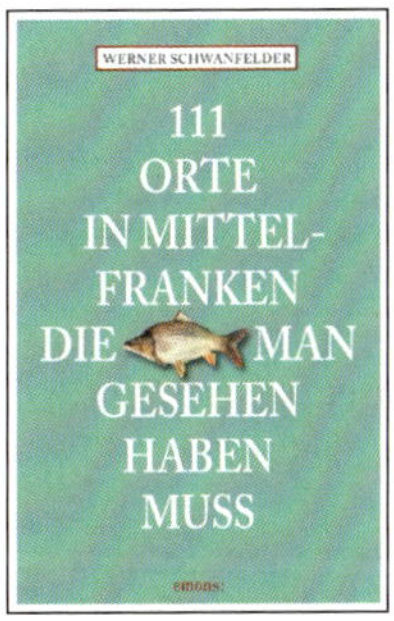

Werner Schwanfelder
111 Orte in Mittelfranken, die man gesehen haben muss
ISBN 978-3-7408-1171-6

Astrid Süßmuth
111 Almen und Hütten in Oberbayern, die man gesehen haben muss
ISBN 978-3-7408-0823-5

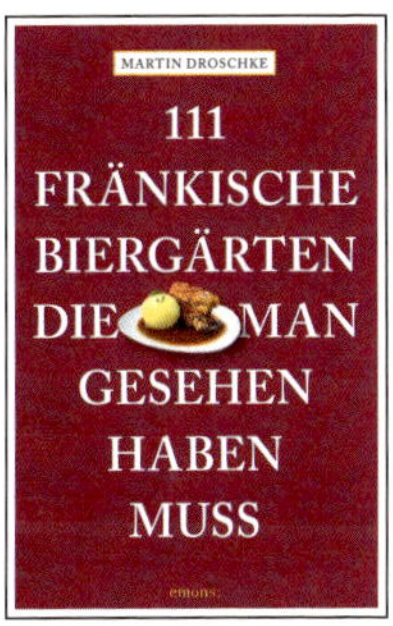

Martin Droschke
111 fränkische Biergärten, die man gesehen haben muss
ISBN 978-3-7408-0851-8

Christine Hochreiter
111 Orte in und um Passau, die man gesehen haben muss
ISBN 978-3-7408-0733-7

Rüdiger Liedtke
111 Orte in München, die Geschichte erzählen
ISBN 978-3-7408-0876-1

Alexander Peer lebt als freier Autor, Journalist und Referent in Wien. Er schreibt Romane, Erzählungen und Gedichte sowie Rezensionen und Reportagen. Dem Pinzgau ist der gebürtige Salzburger seit seiner Kindheit verbunden. www.peerfact.at

Christine Peer-Valenta war langjährig in der Privatwirtschaft tätig. Wien und Zell am See dienen der begeisterten Fotografin als Angelpunkt für vielfache Reisen und Erkundungen.